3
自然と環境を調べて守る仕事

稲作農家
インタープリター
沿岸漁業漁師
気象予報士
グリーンコーディネーター
地震研究員
樹木医
植物園で働く
水質検査技術者
生物調査員
ダイビングインストラクター
都市設計家
バイオガスエネルギー開発者
野菜農家
酪農家
⋮
ほか15職種

4
スポーツを楽しみ広める仕事

騎手
サッカー選手
スポーツアドバイザー
スポーツインストラクター
スポーツ栄養士
スポーツカメラマン
スポーツ誌編集者
スポーツドクター
スポーツ用品開発技術者
ターフキーパー
体育教諭
フロントスタッフ
ボクサー
野球審判
野球選手
⋮
ほか15職種

5
日本の伝統文化をつなげる仕事

華道教授
歌舞伎役者
ガラス職人
着物着付け講師
狂言師
こいのぼり職人
茶道教授
杜氏
日本舞踊家
人形職人
花火師
筆職人
友禅職人
落語家
和菓子職人
⋮
ほか15職種

1

なりたい自分を見つける！

仕事の図鑑

人の心とからだを育てる仕事

［仕事の図鑑］編集委員会＝編

もくじ

**なりたい自分を見つける！
仕事の図鑑 1
人の心とからだを育てる仕事**

	仕事って何だろう？	**4**ページ
	「人の心とからだを育てる仕事」について	**6**ページ
	ジャンル別もくじ	**8**ページ

※五十音順に並べてあります。

医師の手助けをしながら患者さんを世話し、支える	**看護師**	**10**ページ
手足の代わりとなる義手や義足をつくる	**義肢装具士**	**14**ページ
救急車にのり、病気やけがの応急手当てをして、命を救う	**救急救命士**	**18**ページ
お年寄りが自宅で安心して生活できるようにサポート	**ケアマネジャー**	**22**ページ
虫歯治療、歯並び矯正などで口の中の健康を守る	**歯科医師**	**26**ページ
骨や筋肉の痛みを手で治す、整骨院の先生	**柔道整復師**	**30**ページ
耳の不自由な人のために手話を使って通訳する	**手話通訳士**	**34**ページ
小学校で、勉強の楽しみや集団生活について教える先生	**小学校教諭**	**38**ページ

10ページから66ページまでの仕事はインタビューがのっているよ！

子どもを診て、親に心強いアドバイスをするお医者さん	小児科医	42ページ
心をわずらった人たちの社会復帰を支援する	精神保健福祉士	46ページ
図書館で、本の貸し出しや資料さがしの手助けをする	図書館司書	50ページ
車いすなどの福祉用具を選び、相談にのる	福祉用具専門相談員	54ページ
小さな子どもを働く親から預かり育てる、保育園の先生	保育士	58ページ
保健室に来る子どもたちの病気やけがを手当てする先生	養護教諭	62ページ
悩みを抱えた人が自分らしく生きられるように導く	臨床心理士	66ページ

もっとあるよ！ 人の心とからだを育てる仕事

アロマテラピスト	70ページ	言語聴覚士	72ページ	心療内科医	74ページ
移植コーディネーター	70ページ	作業療法士	72ページ	フリースクールスタッフ	74ページ
介護福祉士	71ページ	児童福祉司	73ページ	薬剤師	75ページ
学習塾講師	71ページ	助産師	73ページ	幼稚園教諭	75ページ
管理栄養士	71ページ	鍼灸師	73ページ	理学療法士	75ページ

さくいん 76ページ

仕事って何だろう？

「なりたい自分を見つける！仕事の図鑑」シリーズでは、さまざまな仕事を紹介します。その数は1巻から10巻まであわせると300職種。今まできいたことのない職業もあるでしょう。知っている職業も、読んでみると、イメージとはちがっているかもしれません。

このシリーズが、「将来こんなふうになりたい」「この仕事につきたい」と、みなさんが考えるきっかけになったらいいな、と思います。

大人はときどき「働くのは大変だ」と口にするかもしれません。確かに、最後まで責任を持ってやらなければならず、つらいこともあるのが仕事。でも、それだけではありません。

仕事には楽しみがいろいろあります。それは、ひとつのことをやりおえたときの達成感だったり、人と協力してうまくいったときに生まれる仲間意識だったり、だれかの役に立てたときの喜びだったりします。そんなときには、それまでの苦労もふきとんでしまうくらいの「やる気」がわいてくるものです。

この本で実際にお話をうかがった人たちからも、仕事の「喜び」と「苦労」の両方を語ってもらいました。「つらいこともある。でもそれ以上に楽しいから、仕事はやめられない」と思っている大人が、世の中にはたくさんいるのです。
　若いみなさんは、まず、ありとあらゆることに目を向け、興味を広げてください。そして、さまざまな人の話や意見をきいて、自分の頭で考え、勉強したり試したりするのです。そのうちに「自分の好きなこと」が、きっとわかってくるでしょう。
　将来、みなさんが自分にぴったりの仕事をするようになり、この本の大人たちのように「仕事って、つらいこともあるけれど、それ以上に楽しい！」そう思ってもらえたら……と願っています。

［仕事の図鑑］編集委員会

この巻では、「教育・福祉・医療」の仕事を取り上げます。この分野の仕事は、

「人の心とからだを育てる

教育

わたしたちは小さい子どものうちから「教育」を受けて育ちます。たとえば、保育園や幼稚園では、初めての集団生活の中で、言葉や遊び、生活習慣を学びました。小学校や中学校では、あらゆる学力を身につけます。また、学びたいのに学べない子どもたちのためにつくられたフリースクールでは、独自の方法で教育をしています。これらの施設には「先生」がいます。

また、子どもも大人も図書館で本を読みますが、そこには図書館司書がいて、本の貸し出しをするだけでなく、本をさがしてくれます。広い意味では、これも教育的な仕事といえるでしょう。

福祉

「福祉」はわかりにくい言葉ですが、簡単にいうと、「だれもが人間らしい生活を送る権利があり、そのためのしくみを整え、弱い立場の人をみんなで支える」ということ、また、その社会のことです。

福祉の分野では、お年寄りや障がい者の生活をサポートする人たちがいます。

たとえば、介護福祉士は介護の必要な人を助け、福祉用具専門相談員は車いすを使いたい人などにアドバイスをします。また、耳の不自由な人のために手話を使いこなし通訳をする、手話通訳士もいます。

わたしたちが社会でくらしていくのに欠かせないものばかりです。
「仕事」について

医療（いりょう）

　ほとんどの人は、お医者さんにかかったことがあるでしょう。わたしたちの健康（けんこう）を守るために、「医療（いりょう）」の仕事をする人たちがいます。

　お医者さんにかかるとき、たいていは不調を感じる部分によって、その専門（せんもん）の医師（いし）に診（み）てもらいます。しかし最近（さいきん）では、「からだ」と「心」のどちらもたがいに関係（かんけい）しあっているという考えから、心療内科医（しんりょうないかい）のように、からだと心の両方を診（み）る医師（いし）もいます。心のケアを専門（せんもん）にする仕事もあります。

　また、けがや病気の人が生活していくための訓練（くんれん）をする作業療法士（さぎょうりょうほうし）、薬（くすり）の専門家（せんもんか）である薬剤師（やくざいし）、患者（かんじゃ）さんの食事メニューを考える管理栄養士（かんりえいようし）なども大切な仕事です。

　今後は、患者（かんじゃ）さんと医師（いし）の間に立ち「橋渡（はしわた）し」の役目をする福祉（ふくし）の仕事が、もっと必要（ひつよう）とされることでしょう。

　この巻（かん）で取り上げた仕事はどれも、人とまっすぐ向きあう仕事で、つづけるには、仕事に対する強い意志と信念（しんねん）がいります。学ぶことが好きでないとつとまらないし、人間性（にんげんせい）が問われる厳（きび）しさもあります。その分、やりがいが十分にある仕事です。

ジャンル別もくじ

この本で取り上げている仕事をジャンル分けしました。
興味のあるジャンルから読んでみてもいいですね。

教育の仕事

子どもに関わる仕事

- 小学校教諭 38ページ
- 保育士 58ページ
- 学習塾講師 71ページ
- フリースクールスタッフ 74ページ
- 幼稚園教諭 75ページ
- 養護教諭 62ページ
- 図書館司書 50ページ
- 児童福祉司 73ページ

福祉の仕事

- ケアマネジャー 22ページ
- 手話通訳士 34ページ
- 福祉用具専門相談員 54ページ
- 臨床心理士 66ページ
- 介護福祉士 71ページ

医療の仕事

小児科医 42ページ

看護師 10ページ
救急救命士 18ページ
歯科医師 26ページ
柔道整復師 30ページ
助産師 73ページ
義肢装具士 14ページ
鍼灸師 73ページ
言語聴覚士 72ページ
心療内科医 74ページ
作業療法士 72ページ
薬剤師 75ページ
理学療法士 75ページ

精神保健福祉士 46ページ
移植コーディネーター 70ページ

医療に関わりの深い仕事

アロマテラピスト 70ページ
管理栄養士 71ページ

かんごし
看護師

痛みや苦しみを味わっている患者さんが、できるだけ楽になれるよう支援をする看護師。「病気そのもの」を扱う医師に対し、病気を抱えた「人」と深く関わるのが看護師です。

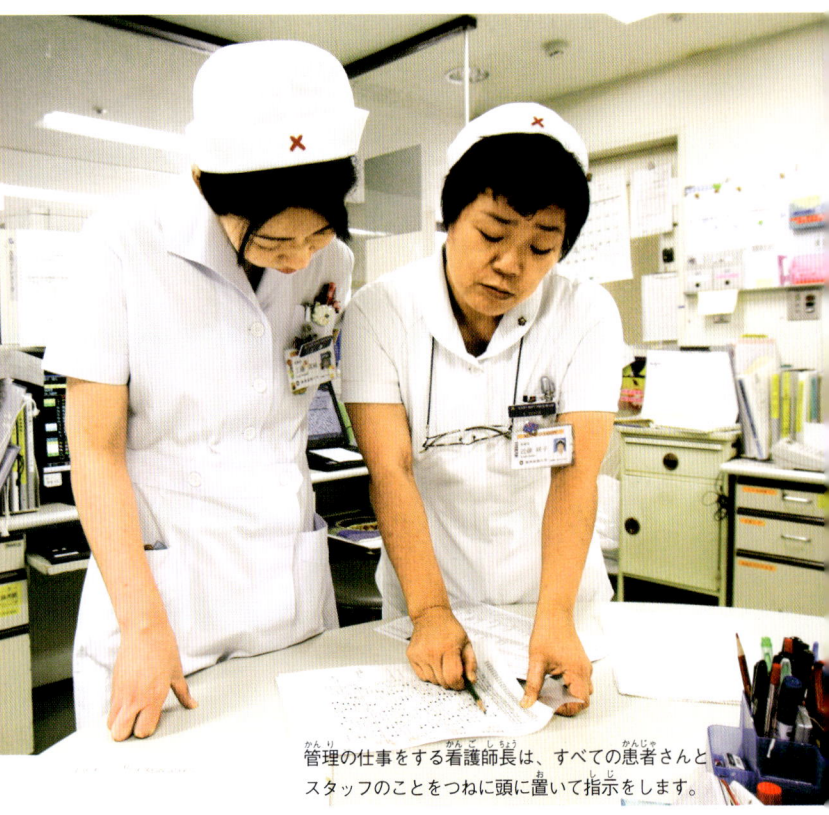

管理の仕事をする看護師長は、すべての患者さんとスタッフのことをつねに頭に置いて指示をします。

血圧を測る、検査で血液を採るなど、患者さんの健康状態を細かくチェックするために、さまざまな器具を使いこなす看護師。確実でまちがいのない技術が求められます。（写真は水銀血圧計）

どんな仕事？

看護師の仕事は、診療の補助、患者さんの支援、さらに患者さんとその家族のあらゆる相談にのることや、病院の仕事がうまく進むよう調整することなどがあり、広い範囲にわたります。

職場は、病院・医院のほか、家庭をまわる訪問看護、保健所や福祉施設での勤務などもあります。

入院設備のある病院では、1日24時間、交替制でずっと看護師が働いています。

緊急事態に立ちあうこともあれば、命が生まれる、消えるといった重大な場面に関わることも多い仕事です。

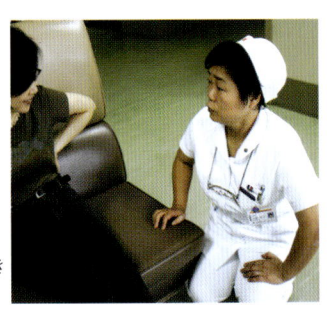

▶患者さんや家族の話をじっくりきき相談相手になるのも重要な仕事。

10

看護師の役割

入院患者の看護を例にとると、まず、看護師は病室の手配をし、部屋を整えて、患者さんをむかえます。そして、健康状態、日常生活、家族のことなどをきいて記録し、その人に合った入院生活を考えます。病院の生活、検査や治療、薬のことについても、わかりやすく説明します。

患者さんが自分でできないことの手伝いもします。たとえば、散歩、シャンプー、着がえ、トイレに行けない人の世話などです。

勤務は交替制ですが、ミーティングや記録などにより、すべての看護師がすべての患者さんの状態をつねに頭に入れ、全員でひとつのチームとして働きます。医師に患者さんの様子を正しく伝えることも看護師の大事な役割です。

注射や点滴、傷の処置といった、治療に直接関わる仕事もたくさんあります。

経験を積んだ看護師は

看護師の仕事は、ほとんどがチームワークですから、経験が長くなるとリーダーとしての仕事をする立場になります。交替制のメンバーの勤務時間や組みあわせを考えたり、仕事の割りふりをしたり、新人の指導をしたりするのです。こうした、人を管理・教育することも看護師には欠かせない仕事と認められ、看護師を養成する学校でも、そのことを学ぶ「マネージメント」という授業を取り入れるところが増えてきました。

医療の専門家として

医学が毎日どんどん進歩している今、看護師もつねに勉強をつづけなければなりません。仕事終了後の時間や休日を利用して、勉強会に参加したり、自分の専門分野を研究し、書いた論文を発表したりしている看護師も大勢います。

なお、最近は男性の看護師も少しずつ増え、女性だけの職業ではなくなってきています。

▼「どうしましたか」ナースコールには、すばやくこたえます。

▼点滴の準備。患者さんの名前と薬とを念入りにチェックします。

▲患者さんのカルテを管理するなど、コンピュータを使って行う仕事もあります。

▲患者さんのカルテを見ながら、細かく正確に状態を確認します。

ポケットの中にいつも入れているもの。医学用語辞典、ペン、ノート、検査値診断ハンドブック、はさみ、電卓、定規。

11

看護師の話をきこう

近藤さんは、慶応義塾大学病院で
内科病棟の看護師長をつとめ、
各地で講演や研究発表も行っています。
人と深く関わるこの仕事を「天職」と感じるそうです。

慶応義塾大学病院
近藤 咲子さん

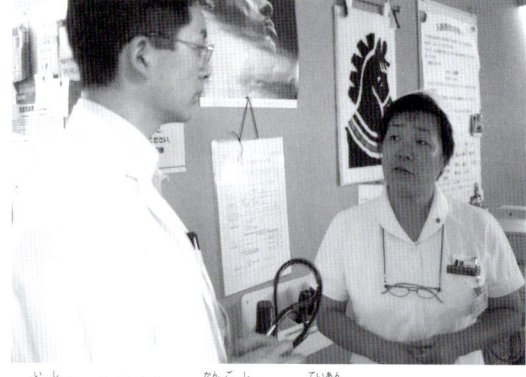

▲医師との打ちあわせ。看護師として提案をすることもあります。

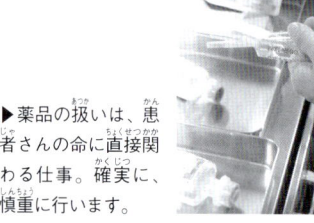

▶薬品の扱いは、患者さんの命に直接関わる仕事。確実に、慎重に行います。

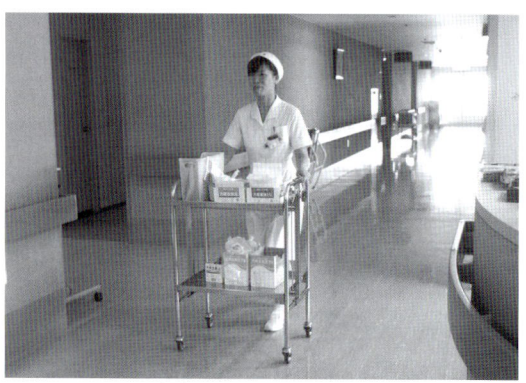

▲病室から病室へ、処置の道具や薬を台車にのせ、笑顔で回ります。

看護師になろうと思ったのはいつですか。

高校時代です。じつはジャーナリストになるのが当時の目標だったのですが、父が失業してしまい、大学に進学できなくなったのです。そこで「学費が安く、女性ひとりでも一生くらしていける職業を」と考え、看護師の学校を選びました。病院で仕事を始めてからは、多くの人との出会いを通じ、「これこそ自分にぴったりの職業」だと感じるようになりました。

どんな子ども時代をすごしましたか。

長野の田舎では男の子のように外で遊び、勉強も好きでした。とくに読書が大好きで、図書室の本をかたっぱしから読みました。やはり「人間のドラマ」に、子どものころからとても興味があったんですね。

どんな看護師が「よい看護師」でしょうか。

患者さんに何でもしてあげるのがよい看護師というわけではありません。本当に必要なことを手助けし、病気との闘いを心身ともにサポートし、患者さんにもっともよい環境をつくれるのが、よい看護師だと思います。さらに、しっかりとした指導力や判断力も欠かせません。

看護師への道

重い病気の患者さんの看護はつらくありませんか。

どの患者さんも元気になってくれるのがいちばんうれしいことですが、医学の力でもどうにもならないことはあります。それでも、患者さんは病気と闘い、せいいっぱい生き、人生の終わりの瞬間まで成長をつづけていくものです。その時間を一緒に生き、闘いを支えられるのは、幸せなことだと思います。どの患者さんからも、看護師として人間として、学ばせていただいているのです。

この仕事をめざす子どもへメッセージをお願いします。

まず人間が好きで、人のからだや心に興味を持っていることが看護師の第一条件だと思います。わたしの職場には、弱っている人、苦しんでいる人を見ると「なんとかしてあげたい」という使命感のようなものを感じる看護師が多いです。看護師になるなら、そういう気持ちをぜひ持っていてほしいと思います。

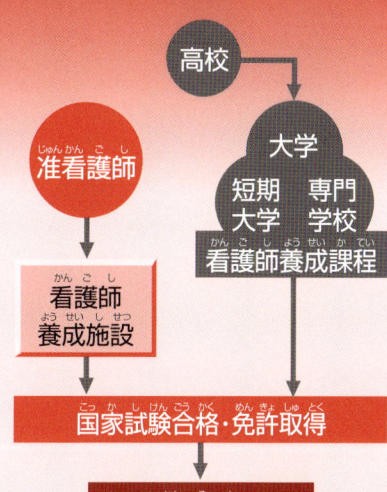

さまざまな人に会い、本音でふれあえる、どんなドラマより感動的な仕事です。

```
        高校
         ↓
┌─────┐  ┌──────────┐
│准看護師│  │   大学    │
└─────┘  │短期  専門 │
   ↓     │大学  学校 │
┌─────┐  │看護師養成課程│
│看護師 │  └──────────┘
│養成施設│      ↓
└─────┘      ↓
    ↓         ↓
  国家試験合格・免許取得
         ↓
       看護師
```

看護師になるには、看護師養成課程のある大学・短期大学・専門学校のいずれかを卒業し、国家試験を受けて免許を取得することが必要です。また、中学校を卒業し、准看護師養成施設に通って免許を取り、准看護師として3年働いた人も、看護師養成施設で2年勉強したのちに国家試験を受けられます。

勉強の内容は、看護そのものに関する科目から、人間学・社会学・医学・薬学・生物学・化学など広い範囲にわたります。

専門分野の資格を持つ看護師

看護師には、日本看護協会の定める「専門看護師」「認定看護師」という、特定の専門的な分野の資格があります。専門看護師には、「老人看護」「小児看護」「がん看護」が、認定看護師には「救急看護」「手術看護」「訪問看護」などの分野があります。いずれも、職場での経験を積み、さらにその分野の勉強を重ねた看護師が、審査を受けて認定される資格です。

義肢装具士
ぎしそうぐし

義肢装具士は、
手足を失ったり、
思うように動かせなくなった
人が、生活するときに必要な
器具をつくる人。
患者さんのからだに合った
器具に仕上げるため、
いくつもの手作業を
ていねいにこなします。

自分の足を失っても、義足があれば、外を歩くことも、階段を上がり下りすることもできます。使っているうちに形が変わるので、2〜5年おきにつくり直します。

最後の微調整。角度が1度かわっただけでも、からだにつけた感覚はまったくちがいます

◀さまざまな種類の義肢と装具。

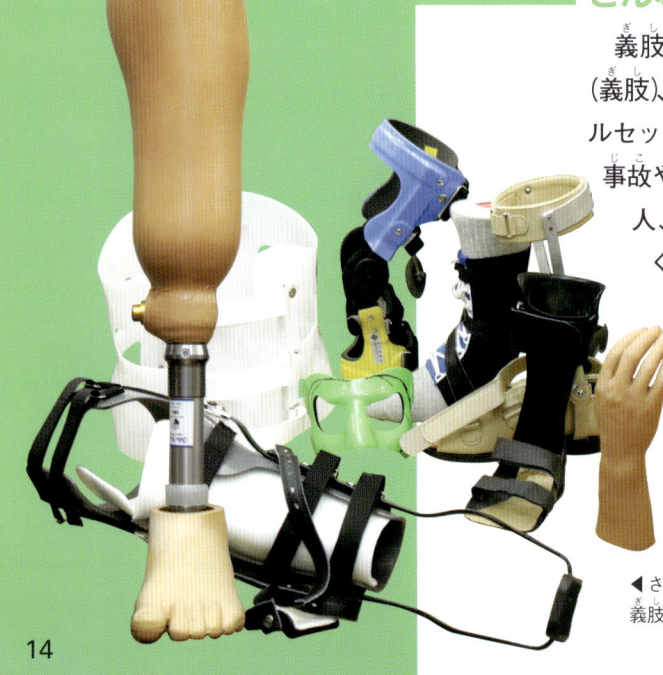

どんな仕事？

義肢装具士は、手足を失った人が使う義手や義足（義肢）、手足がうまく動かないときにはめるギプスやコルセットなど（装具）をつくります。これらは、大きな事故や病気で、手足を切断した人、まひの残っている人、早くけがを治したいスポーツ選手にとって、なくてはならない器具です。

義肢装具士は、医師から依頼を受けて、患者さんのからだにぴったりの器具を製作します。細かい作業の多い仕事ですが、患者さんが早くふつうの生活にもどれるよう、1〜3週間で仕上げます。

患者さんの心を開く

　義肢や装具の製作は、手足の型を取ることから始まります。義肢装具士は、病院へ行き、患者さんに会います。

　だれでも病気やけがのときは、心が弱って神経質になっているものです。とくに、大きな事故でからだの一部が動かなくなった、手足を失ってしまったという人は、他人にふれられると、つらい気持ちになります。義肢装具士は、初めに患者さんと趣味や家族の話など雑談をして、相手に心を開いてもらってから、型取りにかかります。

細かい手作業

　型取りができたら、その型に石こうを流して固めます。石こうが固まり型を外すと、患者さんの手足のモデルができます。これをより本物に近い形にするため、削ったり、石こうをぬり足したりして整えます。

　それが終わると、器具に使うプラスチックを高温で熱し、石こうモデルに合わせて、曲げたりのばしたりして加工します。患者さんが身につけたときにずれないよう、わずかな骨のカーブにも気をつけます。プラスチックの形ができあがると、ほかの部品と組みあわせていきます。

動けるようになるまで見とどける

　できあがった器具を患者さんに装着してもらい、からだに合わない部分は、修正を加えます。多くの器具の中でも、からだを支える義足は、歩いている間にちょっとしたことが原因で、突然外れてしまう恐れがあります。そのため、一度装着して歩いてもらってからかならず調整をします。

　器具が完成しても、仕事は終わりではありません。義肢装具士は、理学療法士（→P75）と協力し、患者さんが器具をつけて、自分の力で動けるようになるまで、アドバイスしたり、はげましたりします。

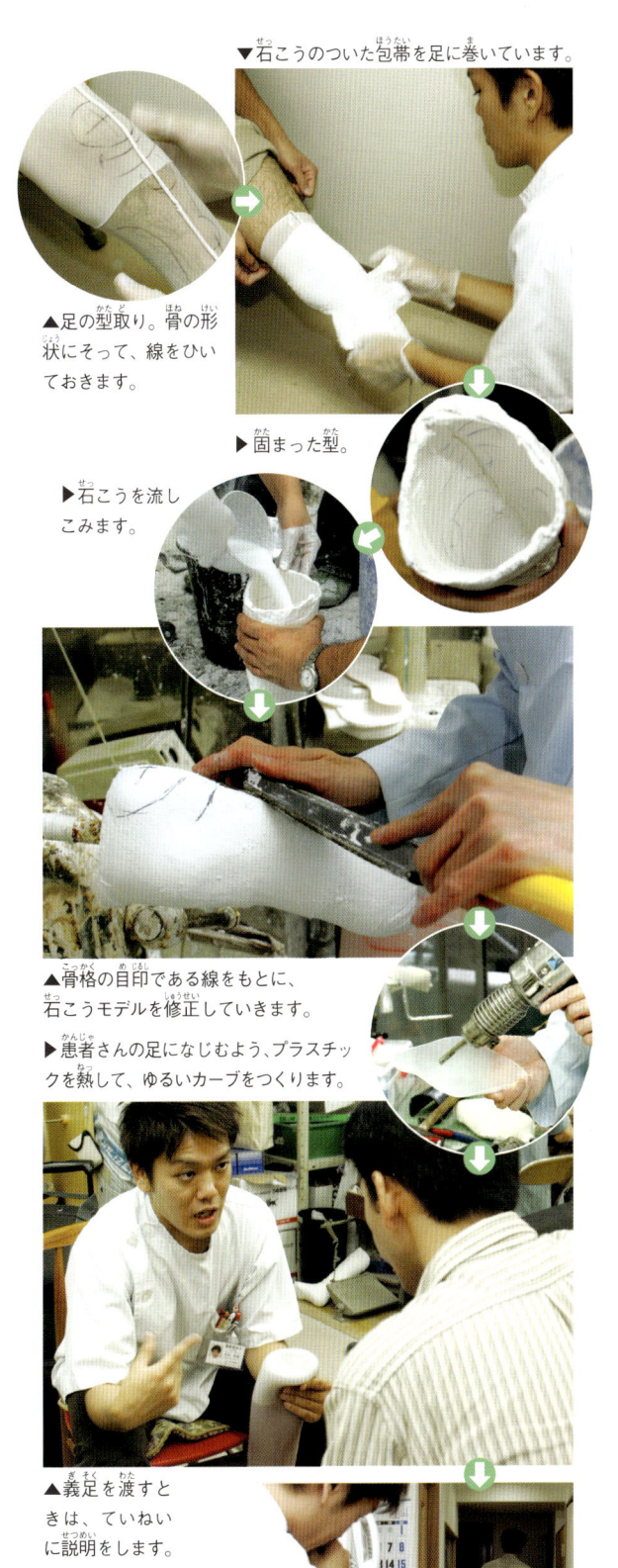

▼石こうのついた包帯を足に巻いています。

▲足の型取り。骨の形状にそって、線をひいておきます。

▶固まった型。

▶石こうを流しこみます。

▲骨格の目印である線をもとに、石こうモデルを修正していきます。

▶患者さんの足になじむよう、プラスチックを熱して、ゆるいカーブをつくります。

▲義足を渡すときは、ていねいに説明をします。

▶歩くとき、上半身がふらふらしないか、よく観察します。

15

義肢装具士の話をきこう

森さんは、おじいさんの代からつづく義肢装具製作会社の社長。
毎日、たくさんの患者さんのもとへ、いそがしく飛びまわり、
月に50〜60個の義肢や装具をつくっています。
専門学校で義肢装具士をめざす学生の指導にもあたっています。

北信義肢
森 恭一さん

▲作業場には、いろいろな道具が並んでいます。

▲ギプスのひざの部分につける布をぬいあわせます。

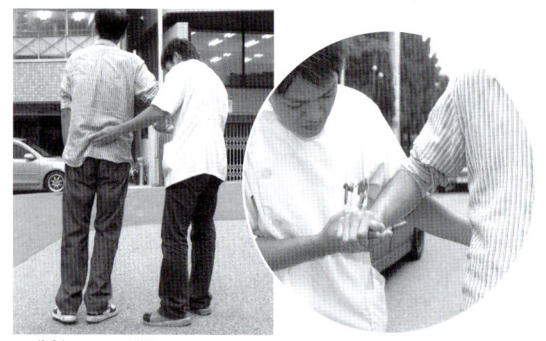

▲義足を使って初めて歩く人には、手を貸します。

仕事をしていてうれしいこと、つらいことは何ですか。

うれしいのは、患者さんに頼りにしてもらえることですね。一度義足をつくった患者さんが、新しい義足を必要としたときに、「今度も、森さんの義足がいい」と依頼してくれたり、外国にいる患者さんから、「足の具合が悪いけど、どうしたらいいだろう」とメールで相談されたりすると、自分が役に立てていると感じます。

逆につらいのは、自分がつくった器具が機能を発揮できないときです。長い間患者さんから連絡がなく、こちらから電話をかけたときに、「もう、あの義足は使っていないんです」といわれると悲しいですね。

昔とくらべて義肢、装具は、どんなふうに変わってきましたか。

大きくちがうのは、カラフルなものが増えたことです。昔は、肌色や白のような目立たない色ばかりでした。でも最近では、患者さんから黄色や赤など明るい色がいい、といわれることが多く、希望通りの色でつくっています。子どもの場合は、キャラクターの絵が入ったものをつくることもあります。

何色ものプラスチックをそろえるのは大変ですが、患者さんの気に入った色でつくれば、長く使ってもらえるようになります。

義肢装具士への道

仕事の中でどんなことを心がけていますか。

いい義足をつくっても、患者さんに歩こうという意欲がなければ、きれいに歩けるようになりません。やる気を出してもらえるよう、ときには厳しいこともいいます。

それでも患者さんがわたしを信頼してくれるよう、いつも患者さんと近い距離でいたいと思います。最初、病院で患者さんに会うと、たいていお医者さんと同じように「森先生」とよばれます。それが、「森さん」とよばれるようになると、距離が縮まったなと感じますね。

この仕事をめざす子どもへメッセージをお願いします。

ぜひ、いっぱい友だちをつくってください。そして、本気でけんかをして、一緒に笑いあってください。手先が不器用であっても、人の気持ちをわかり、患者さんと一緒に泣けるような熱い心を持った人に、この仕事をしてほしいと思います。

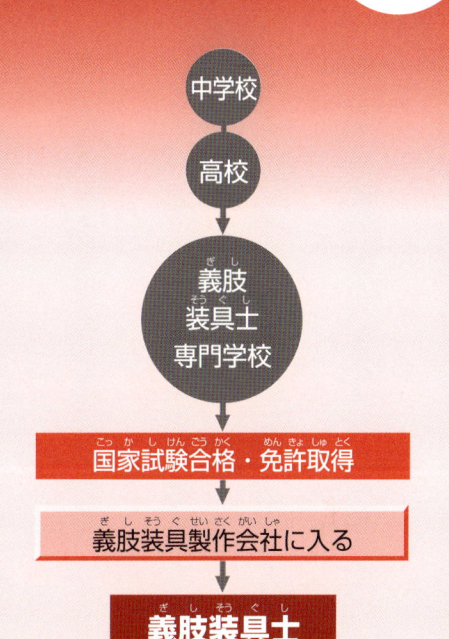

患者さんがもっと生活を楽しめるようにあと押ししたいと思います。

中学校 → 高校 → 義肢装具士専門学校 → 国家試験合格・免許取得 → 義肢装具製作会社に入る → **義肢装具士**

義肢装具士になるには、高校卒業後、義肢装具士の養成課程がある専門学校に通い、義肢装具士国家試験に合格することが必要です。

専門学校では、義肢装具の製作だけでなく、医学やリハビリの基礎についても学びます。また、実際の製作現場に実習に行くこともあります。

世界で活躍する義肢装具士

タイやカンボジアでは、戦争中にうめられた地雷の被害によって、手足を失った人が大勢います。その上、長びく戦争で教育の発展が遅れ、義肢をつくる技術を持った人が今でもあまり多くありません。

そこで今、日本をふくむ世界各国の義肢装具士たちが海を渡って現地に行き、技術指導にあたっています。

救急救命士

きゅうきゅうきゅうめいし

突然、事故にあったとき、
急に、たまらなく具合が
悪くなったとき、
119番に電話をすると、
救急車でかけつけてくれる
救急救命士。
病院に着くまで、患者さんに
優しく声をかけながら
手当てをします。

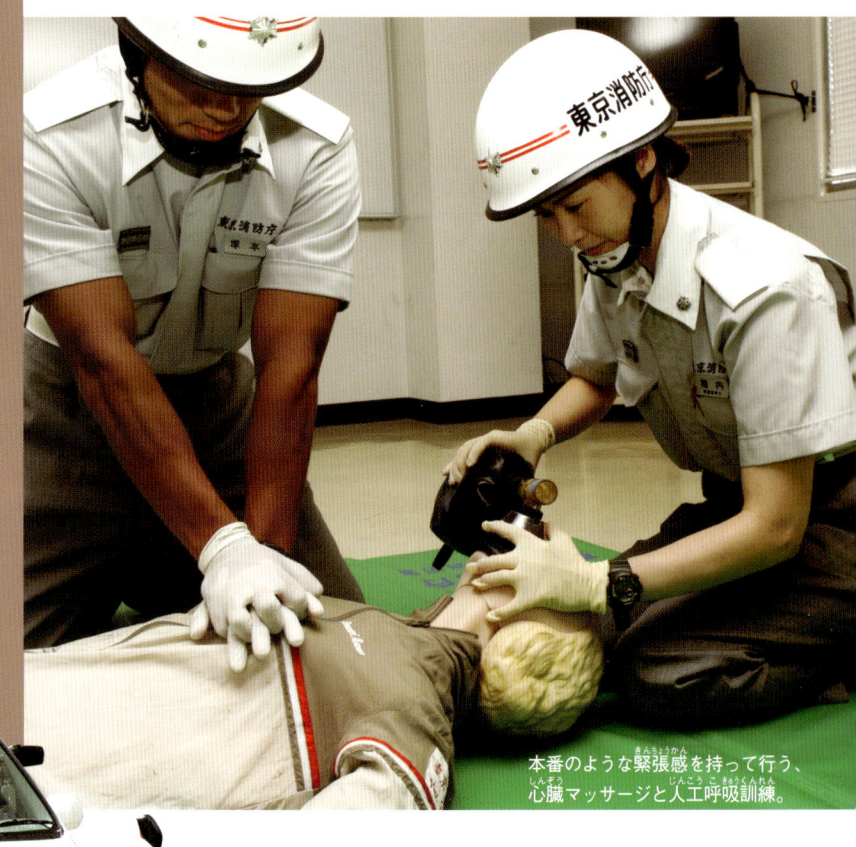

本番のような緊張感を持って行う、心臓マッサージと人工呼吸訓練。

119番通報は、すべて災害救急情報センターにつながり、患者さんがいる場所にいちばん近い消防署に出動の指令が出されます。

どんな仕事？

　消防署につとめる救急隊員の中でも、医療行為（点滴、気道確保など）を行う資格を持った人が救急救命士です。119番通報が入ると、救急救命士はほかの救急隊員と救急車にのって出動し、病院に着くまで、隊の中心となって患者さんの応急手当てをします。重いけがや病気でも、救急救命士の医療行為を受けて、一命をとりとめ、順調に回復するケースが多くあります。

　一分一秒を争う中で、冷静な判断をしなければならない仕事です。

▶出動要請が入ると、すぐに感染防止衣を着ます。

欠かせない点検

　救急救命士は、ほかの救急隊員や消防隊員と同じように24時間交替で泊まりこみの勤務をします。当番の日は、消防署全体の引きつぎをしたあと、救急隊だけで救急車の点検を行います。
　もし、緊急出動のときに医療装置の電源が入らなかったら、適切な応急手当てができず、助かるはずの命が助からないかもしれません。そんなことがけっして起こらないように、毎日欠かさずすべての器具に異状がないか確認するのです。

すばやい救助活動

　出動要請が入ると、救急隊はすばやく救急車にのりこみます。患者さんの症状によっては、到着までの間、電話を使って、通報した人に応急手当ての指示を出します。現場に着くと、担架で患者さんを救急車に運びます。
　心臓機能や呼吸が停止しているような重体の場合、救急救命士は、救急指導医とよばれる医師に無線で連絡をとります。医師の指導を受けながら、心臓の動きを回復させる電気ショック、点滴、器官に管を通して酸素を肺に送る気道確保などを正確に行い、病院に着いたらすぐに、患者さんの症状を医師に伝えます。

訓練と勉強

　救急隊員たちはどんなときでも患者さんに適切な応急手当てをできるよう、出動の合間にも隊員同士で救助訓練や意見交換を行います。救急隊員の中には、これから救急救命士の免許を取るために勉強をしている人もたくさんいます。
　また、法律の改正によって、救急救命士ができる医療行為はどんどん広がっています。それにあわせ、救急救命士たちも医療の知識と技術をレベルアップするために、学校に通い病院で実習を重ねます。救急隊員、救急救命士たちは、つねにひとりでも多くの命を救う努力をしています。

▼朝の大交替。点呼をとって隊員がそろっていることを確認。

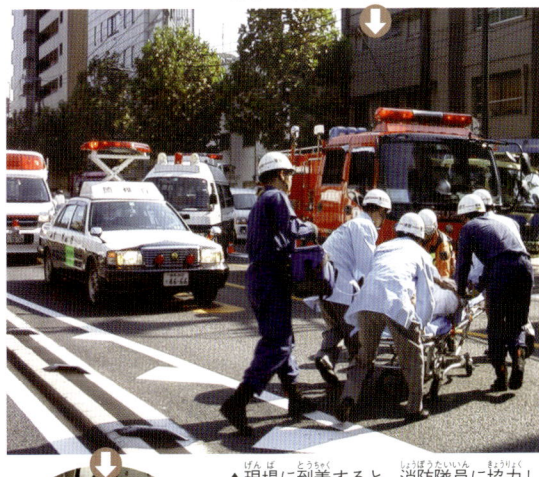

▶酸素ボンベの酸素の量を見ています。

▲電話で応急手当ての指示。簡潔にはっきりと伝えます。

▲緊急出動。急いで救急車にのりこみます。

▲現場に到着すると、消防隊員に協力してもらい、救急車に患者さんを運びます。

◀患者さんの症状にあわせて、受け入れ可能な病院を端末で検索。

▶勤務を終えて帰宅する前に、出動の記録を記入します。

救急救命士の話をきこう

相内さんは、東京の国分寺消防署につとめる救急救命士です。一日に7、8件、多いときには12、3件の通報を受けて、救急出動しています。子どものころから、やりがいのある仕事がしたいと考えていたそうです。

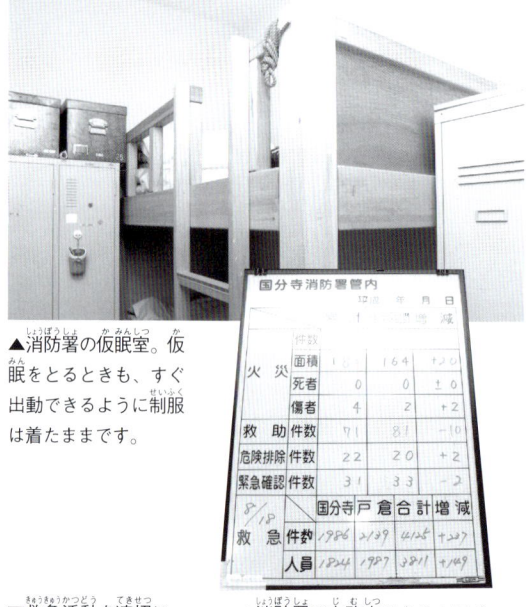

国分寺消防署
相内 加寿美さん

▲消防署の仮眠室。仮眠をとるときも、すぐ出動できるように制服は着たままです。

▼救急活動を適切に行っているかチェックする技能審査。

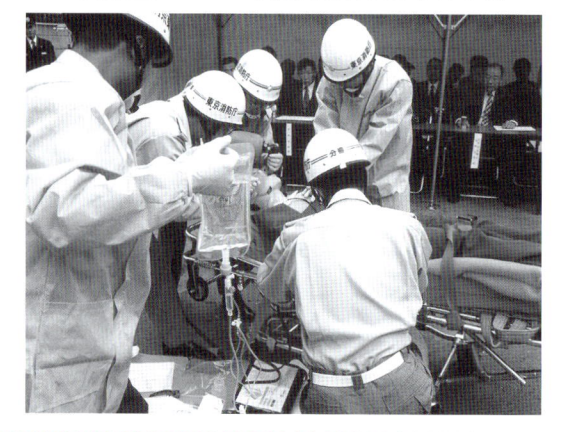

▲消防署の事務室にあるホワイトボード。今年に入ってからの出動件数が書きこまれています。

出動のときに心がけていることは何ですか。

患者さんが話せるときは、患者さんの話をよくきくようにしていますね。今、何がつらいのかをかならず問いかけ、患者さんがうまく答えられなくても、注意深くききます。まず、患者さんの症状がわからなければ、どのように対処するのがいちばんよいか、わかりませんので。

搬送先の病院を決めるときは、なるべく患者さんの希望を受け入れるようにしています。かかりつけの病院が救急指定病院であれば、そこに搬送したり、事故の場合、患者さんが軽症であれば現場よりも家の近くの病院へ運んだりすることもあります。

仕事をしていて大変なことは何ですか。

さまざまなけがや病気があって、患者さんもいろいろな人がいるので、完璧な応急手当てができたと思えることは、なかなかありません。患者さんを病院に引きついだあと、もっと話をきけばよかった、もっと早く気づいてあげられることもあったと、救急車の中で、ほかの隊員と反省しながら帰ることがよくあります。

それから、担架で患者さんを運ぶような力仕事が多いので、体力的に厳しいときもあります。それでも患者さんの前ではつらいという顔はできないのが大変ですね。

救急救命士への道

これからの目標は何ですか。

2006年からは、救急救命士が薬剤を投与することも可能になるなど、わたしが免許を取ったときより、救急救命士のできる医療行為が、拡大されています。新しく加わった医療行為をできるように、もっと勉強して、患者さんにしてあげられることを増やしていきたいと思います。

この仕事をめざす子どもへメッセージをお願いします。

体力があることと、患者さんのつらさをわかってあげられる思いやりが大切です。それから、患者さんと会話をすることも多いので、医学や医療に限らず、いろいろなことを知っておくとよいと思います。たくさん話をすることで、患者さんを安心させられることもあると思いますよ。

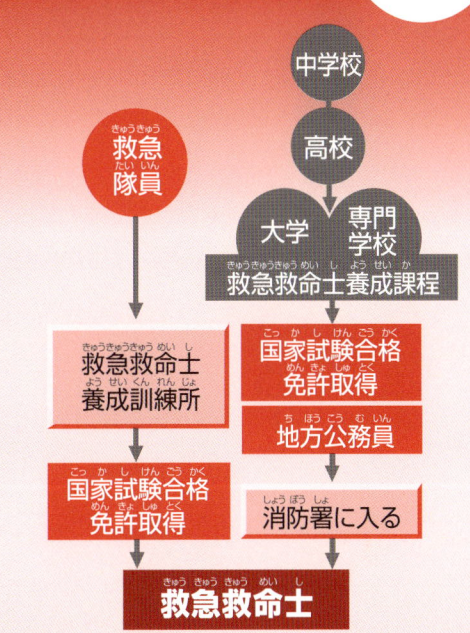

> 自分が手当てした患者さんの命が助かったときはうれしいです。

フロー図：
- 中学校 → 高校
- 高校 → 大学／専門学校（救急救命士養成課程）→ 国家試験合格・免許取得 → 地方公務員 → 消防署に入る → 救急救命士
- 高校 → 救急隊員 → 救急救命士養成訓練所 → 国家試験合格・免許取得 → 救急救命士

救急救命士になるには、大きく分けて2通りの道があります。ひとつは、救急隊員として救急の現場で5年または2000時間以上働いてから、救急救命士国家試験に合格して救急救命士になる道。もうひとつは、救急救命士養成課程のある学校で必要な知識を身につけてから、国家試験と地方公務員試験に合格して、消防署に入り救急救命士として働く道です。

救急救命士のもうひとつの仕事、救命講習

救急隊員、救急救命士の仕事には、緊急時の応急手当て以外に救命講習での指導があります。救命講習では、学校や会社に行き、心臓マッサージや人工呼吸などを指導します。こうした応急手当てを身につけると、一般の人でも、人命救助ができることがあるのです。講習会の指導も、救急隊員、救急救命士にとって、重要な仕事です。

けあまねじゃー

ケアマネジャー

ケアマネジャーは、介護保険制度にともなってできた新しい資格です。お年寄りが家にいながら介護を受けられるように、その人にあったサービスを考え、手配します。

お年寄りと同じ目線でやさしく話しかけます。

大きな声で、ゆっくりと話し、相手にきちんと伝えます。

どんな仕事？

いつまでも元気で長生きしたいものですが、年をとり、からだが不自由になったときには、だれかに生活の手助けをしてもらわなければなりません。これを「介護」といい、この介護を社会全体でするしくみが「介護保険制度」です。けれど、どんな介護サービスが受けられるのか、お金がいくらかかるのか、わからないお年寄りもいます。ケアマネジャーは「介護支援専門員」ともいい、介護を必要とするお年寄りの相談にのる人です。ひとりひとりに合ったサービスを選び、費用のアドバイスもします。

介護サービスには、自宅で介護を受けるものと、施設で介護を受けるものがありますが、ケアマネジャーは、自宅でくらしながら受ける「在宅介護サービス」を扱います。

介護保険を受ける手伝いをする

　ケアマネジャーは、介護サービスを行う施設などで在宅介護サービスを希望するお年寄りの相談を受け、報告書を市区町村に提出します。介護が必要と判断されたらサービス開始です。
　そのお年寄りの日常生活の様子を知り、希望をきいて計画書をつくります。そして、計画書をもとに介護サービスの担当者で会議を開きます。サービスを提供する人たちすべてがチームとなり、適切な介護をするようにします。

満足のいくサービスを提供

　在宅介護サービスには、ホームヘルパーなどが家庭を訪問して食事やそうじなど日常生活を手伝う訪問介護や、デイサービスなどがあります。
　デイサービスは、お年寄りが施設に集まって1日を楽しくすごすためのサービスです。宿泊しないので、デイ（昼間の）サービスとよびます。ひとりで外出できないお年寄りは車でむかえにいき、ひとりで風呂に入れない場合は風呂に入れます。
　そういった介護はおもに施設にいるケアスタッフがしますが、お年寄りの様子に気を配り、要望をきくのはケアマネジャーです。
　そして、サービスがきちんと提供されているかどうか、また、お年寄りが本当に満足しているかどうかを知るため、少なくとも月に1回、すべての人の自宅を訪問します。これも大切な仕事です。

▼相談に来たお年寄りの話を熱心にききます。

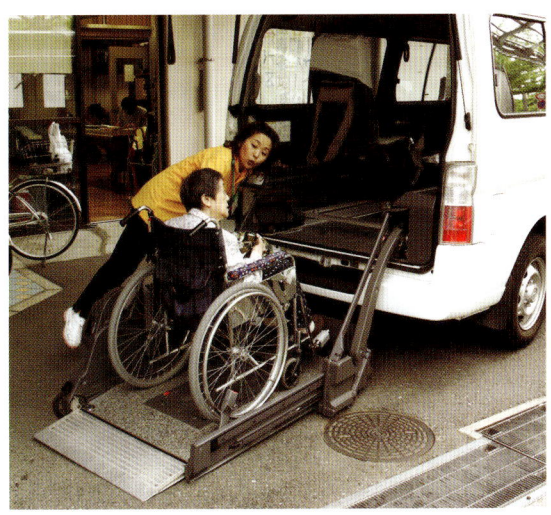

▲電話でスタッフと連絡を取りあうのは大切な仕事。

▲送迎の車にはスロープがついていて、車いすごとのることができます。

▲ホームヘルパーと一緒にお年寄りの家を訪問します。

介護保険制度って？

2000年にスタートした制度。お年寄りがいつまでも自立して生活できるように、また、費用の負担がなるべく軽くなるように、家族や個人だけでなく社会全体でお年寄りを支えていこうとつくられました。介護にかかる費用は、40歳以上のすべての国民が加入する介護保険から出されます。介護サービスを受けられるのは、基本的には65歳以上で、市区町村によって介護が必要と認められた人です。

ケアマネジャーの話をきこう

看護師をしていた福嶺さん。
お年寄りが住みなれた地域で楽しくくらすための
手伝いをしたいと、ケアマネジャーになりました。
たくさんの人たちを相手に、パワフルに仕事をしています。

横浜市並木地域ケアプラザ
福嶺 典子さん

▲デイサービスのスタッフとの打ちあわせ。

▲ケアマネジャーがデスクワークや会議をする事務所。

▲家庭訪問へは、自転車にのって出かけます。

仕事をしていてうれしいこと、大変なことは何ですか。

「あなたと会うと元気になるわ」といってもらえたときなど、この仕事をしていてよかったと思いますね。それから、お年寄りがいきいきと生活しているのを見たとき。本当にうれしいですし、やりがいを感じます。
　一方で、自分の要望を言葉で表現できないお年寄りもいますから、その人が何を望んでいるのか、からだの動きや表情を読みとって察するのは大変です。でも不可能なことではありませんから、がんばってできるだけ希望に添えるように努力しています。

この仕事に向いているのはどんな人ですか。

　物にたとえるとしたら、何でも吸いこんでしまうスポンジみたいな人ですね。素直に人の気持ちを吸収できて、でもその中に自分自身の考えをしっかり持っている、感情が豊かな人が向いています。

これからどんなことをめざしていきたいですか。

　ケアマネジャーをめざす人たちのお手本になりたいですね。そして、後輩をたくさん育てていきたいです。

ケアマネジャーへの道

高齢化社会の日本にとって、お年寄りのケアは今後もっと必要になっていきます。今の世の中は、福祉が何か特別なもののように感じている人も多いと思います。

わたしは、「福祉があるのがあたりまえ」とみなさんが思う社会をつくりたいと思います。また、お年寄りだけでなくすべての人たちの相談にのれるようになりたいですね。

この仕事をめざす子どもへメッセージをお願いします。

日ごろから、お年寄りにもっと接してほしいと思います。そして困っている人を見かけたら、恥ずかしがらないで助けてあげてほしいですね。お年寄りは、からだが弱っていても豊かな知恵を持っています。接したり、話をしたりすると、勉強になることもたくさんありますよ。

> 「少し助けがほしい」そんなところを応援するのが、わたしの役目です。

```
医療・福祉関係の資格を     医療・福祉関係の資格を
持っている人              持っていない人
       ↓                      ↓
医療・福祉などの           介護・相談援助の
仕事を経験                仕事を経験
       ↓                      ↓
     介護支援専門員実務研修受講試験合格
              ↓
        介護支援専門員実務研修
              ↓
            資格取得
              ↓
          ケアマネジャー
```

ケアマネジャーの資格を取るには、介護支援専門員実務研修を受講するための試験を受けます。それには、看護師や社会福祉士など医療・福祉関係の国家資格を持ち、5年以上医療・福祉の仕事を経験していること、または、老人施設などで介護または相談援助の仕事を10年以上経験していることが条件になります。

ケアマネジャーはこんなところで働いている

ケアマネジャーは在宅のお年寄りを支援する仕事。居宅介護支援事業所（ケアプランを立てるところ）などにいて、訪問先に出ていきます。また、特別養護老人ホームでは、そこで生活するお年寄りの相談にのります。

現在、65歳以上のお年寄りは5人にひとり。これからますます必要となる仕事です。すでに医療・福祉関係の仕事をしている人がケアマネジャーとして活躍することが増えています。

しかいし

歯科医師

歯科医師は、
歯にかかわる病気を
みる専門家です。
虫歯を治すだけでなく、
口の中全体の検査や、
歯みがき指導をするのも
歯科医師の仕事です。

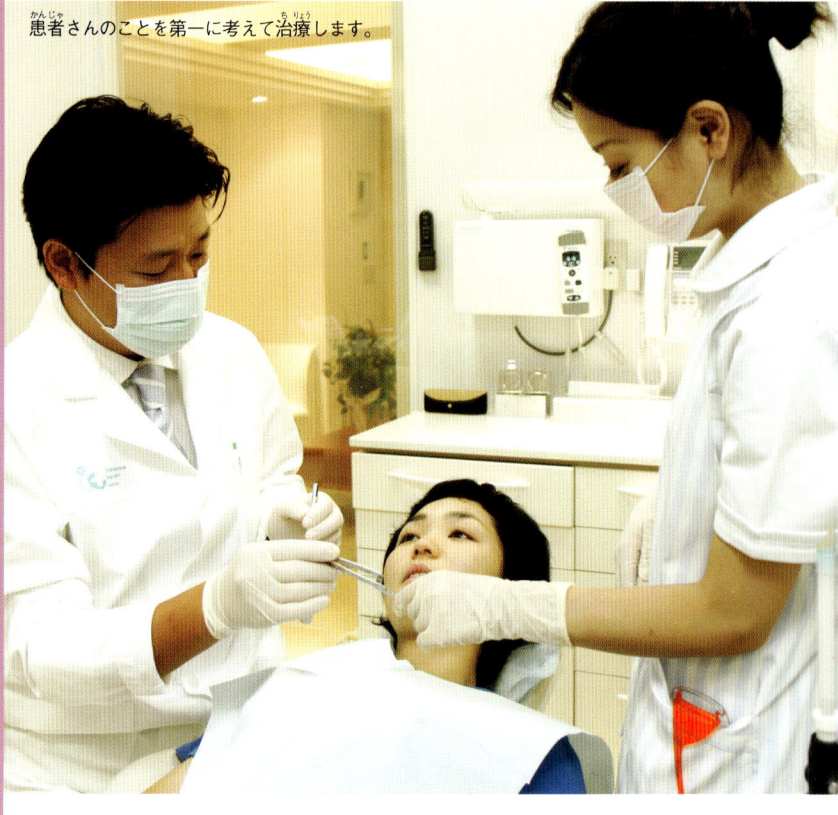

患者さんのことを第一に考えて治療します。

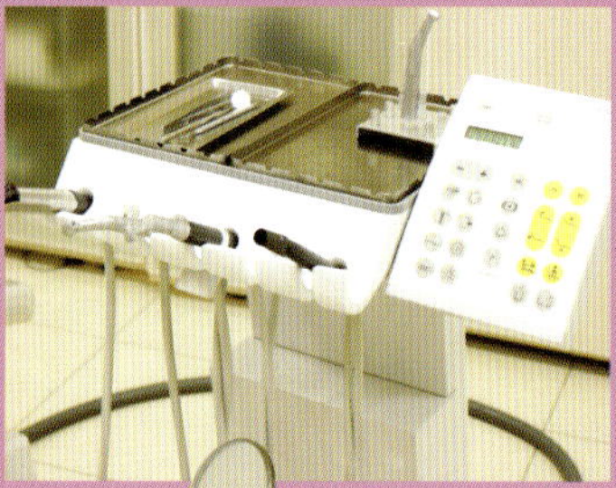

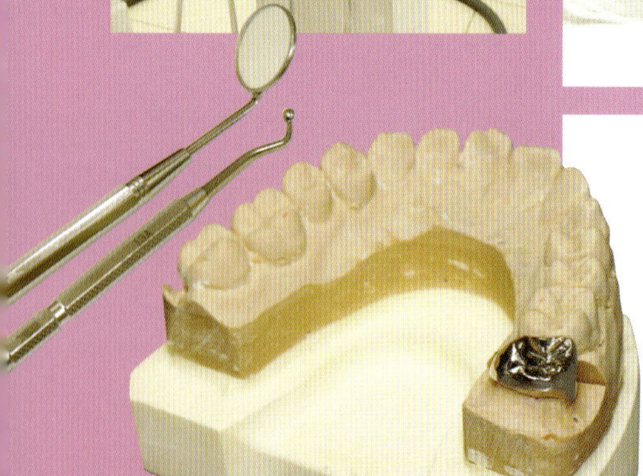

虫歯の治療をするために
は、まず患者さんの歯か
ら型を取ります。それを
元に、金属などを使って、
歯にかぶせるものをつくり
ます。

どんな仕事？

　歯は、食べものをかみくだくことによって消化を助け、からだをつくる栄養素を取り入れやすくする働きを持っています。ですから、歯を健康に保つことは、健康なからだづくりにとって欠かせません。
　歯科医師の仕事は「虫歯をけずったりぬいたりする」だけではなく、「口の中全体の健康を保つ」ことです。また、虫歯を予防するために必要な知識を患者さんに伝えることも重要な仕事です。

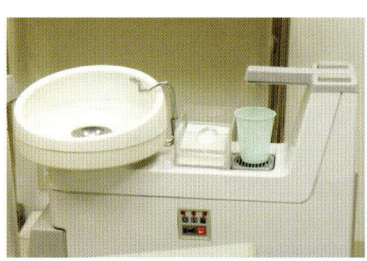

▶診察用の台は、口をゆすいで、コップをのせると、1杯分の水が入るしかけ。いつも清潔に保たれています。

虫歯の治療をする

●カウンセリング
患者さんには、まず症状を話してもらいます。どこがどのように痛いのか、歯はぐらぐらしないか、歯ぐきから血が出るかどうかなどをききます。

●診察と検査
口の中を診察します。患者さん自身が痛いところをまちがえていることもあるので、歯を軽くたたいたり、針の先でふれたりします。見ただけではわからない、かくれた虫歯の進行状態を知るために、レントゲン撮影をすることもあります。

診察と検査の結果、どんな病気なのか診断ができたら、患者さんと話しあいながら、どんな治療を何日かけて行うかを決めます。

●治療
悪い部分をけずって金属をつめたり、神経をぬいて金属をかぶせたりします。麻酔をかけて歯をぬき、入れ歯を入れることもあります。最近はインプラント＊という高度な技術も使われます。

口の中の健康を保つ

歯科医師は、虫歯の治療だけでなく、予防もします。虫歯になりにくい歯をつくることが大切なのです。

●歯垢や歯石を取りのぞく
歯の表面につく白いねばねばした歯垢には、ばい菌がつまっていて、虫歯や歯周病＊の原因になります。一方、歯石は、だ液の中のカルシウムやリン酸が石のように固まって歯についたもの。歯がざらざらになり、歯垢もつきやすくなります。歯科医師は歯垢や歯石を取りのぞきます。

●歯並びを正す
歯並びが悪いと、歯みがきがしづらく、歯垢もたまりやすくなります。また、食べものをきちんとかめなかったり、肩こりや腰痛を引きおこしたりします。そのため、歯並びを正す矯正という治療を長い期間にわたって行うこともあります。

▼口の中のレントゲン写真をとります。

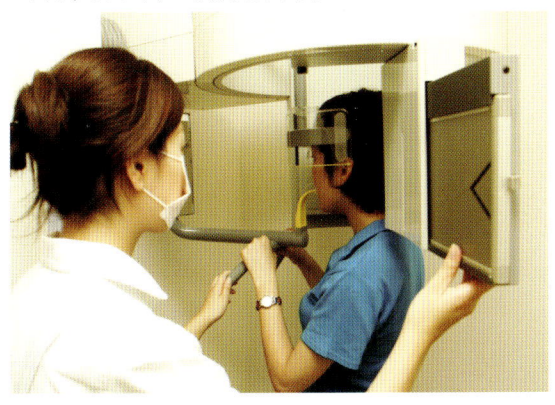

◀レントゲン写真を見ながら、ていねいに説明します。

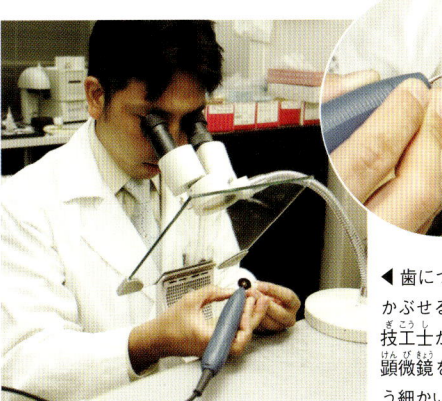

◀歯につめるものやかぶせるものは歯科技工士がつくります。顕微鏡をのぞいて行う細かい作業です。

▼インプラントなどの手術をすることもあります。

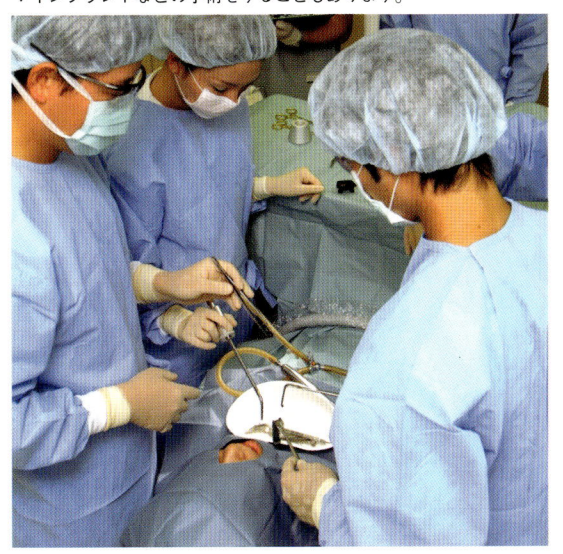

＊インプラント…歯ぐきに金属の人工歯根をうめこんで、そこに歯をつける技術。
＊歯周病…歯と歯ぐきの間から入ったばい菌が、歯ぐきに炎症を引きおこす病気。ひどくなると歯ぐきの中にある骨をとかします。

歯科医師の話をきこう

岩本さんは秋田県出身ですが、大好きな横浜で歯科医院を開業しています。いつもよりよい治療方法を求めて、研究をつづけている、熱心な歯科医師です。

横浜インプラントセンター
岩本歯科医院
岩本 宗春さん

▲いつもにっこりと出むかえてくれる受けつけのスタッフ。

▲明るい雰囲気の待合室は、患者さんの不安を取りのぞきます。

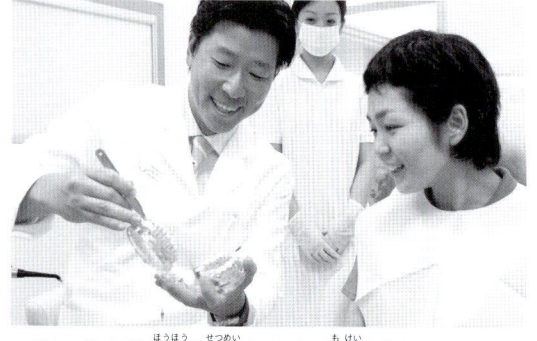

▲正しい歯みがき方法を説明するために模型を使うことも。

どうして歯医者さんになったのですか。

小さいころからプラモデルをつくったり、手を動かして何か細かいものを組み立てたりするのが好きでした。小学生のときから「歯医者さんってかっこいいな」と思ってあこがれていました。高校生のときには、歯科医師になることを目標に決めて、しっかり勉強していましたよ。

仕事をしていて大変なこと、うれしいことは何ですか。

失敗が許されない仕事なので、毎日とても緊張します。週に2、3回は大きな手術もあるので気がぬけません。治療したあと、患者さんが定期検診に来てくれなかったり、手入れが悪く、また虫歯になってしまったりすると悲しいですね。
でも、苦しんでいた患者さんが治って笑顔になるのを見るのはとてもうれしくて、歯科医師になってよかったと思います。

努力していることや目標をきかせてください。

「痛くない治療をする」ということです。歯科医師の治療の技術はどんどん進歩し、器具も新しくなっています。最新の技術で治療すれば痛みはおさえられます。「怖い」と構えると、少

歯科医師への道

しの痛みでもとても痛いような気になるので、気分をリラックスさせるガスを使うこともあります。子どもの患者さんには、おもちゃを見せたりして怖がらせないように気をつけています。

いろいろな技術を取り入れて、より快適に治療を受けてもらえるようにしたいですね。そのためには、患者さんの話をよくきき、症状を理解するということが治療の第一歩です。歯を守る方法を知ってもらうことも重要なので、患者さんとのコミュニケーションを大切にしていきたいと思っています。

この仕事をめざす子どもへメッセージをお願いします。

手先が器用な人、細かい作業が好きな人は向いていますよ。根気のいる仕事を楽しめる人がぴったりです。歯科医師は患者さんの治っていく様子が目に見え、結果も出せるやりがいのある仕事です。最近は女性の歯科医師も増えているんですよ。

痛みや不安を感じている患者さんに喜びと安心を与える治療をめざします。

中学校 → 高校 → 大学 歯学部 → 国家試験合格・免許取得 → 歯科で研修医勤務 → 歯科医師

歯科医師になるためには、歯科医師免許が必要です。大学の歯学部で6年間勉強したあと、歯科医師国家試験に合格すれば、免許がもらえます。

免許取得後、病院の歯科や歯科医院で研修医として働いてから、初めて歯科医師としてつとめることができます。

歯科医師と一緒に働く人たち

「歯科衛生士」は、歯科医師の指導のもと、治療の手伝いや患者さんへの衛生指導などを行います。おろそかになりがちな歯みがきの指導も大切な仕事のひとつです。

「歯科技工士」は、歯科医師が取った患者さんの歯型と指示書をもとに、入れ歯、つぎ歯、歯にかぶせる金属や、歯並びを矯正する装置をつくります。形や色などを患者さんに合わせてつくる歯は、世界に1本しかありません。

じゅうどうせいふくし
柔道整復師

ねんざ、打ぼく、腰痛など、病院でも治りにくい痛みを手でふれて診断し、治療する柔道整復師。整骨院の先生や、スポーツトレーナーとして活躍する、骨と筋肉のスペシャリストです。

痛みの具合を、手で確かめ、患者さんにたずねながらテーピングを行います。

柔道整復師の診断と治療は薬品や機械に頼らず、手で行うのが基本。関節を正しい位置にもどして固定する「テーピング」は中でも重要な技術です。これだけで治せる症状もたくさんあります。（写真下は幅のちがうテープ）

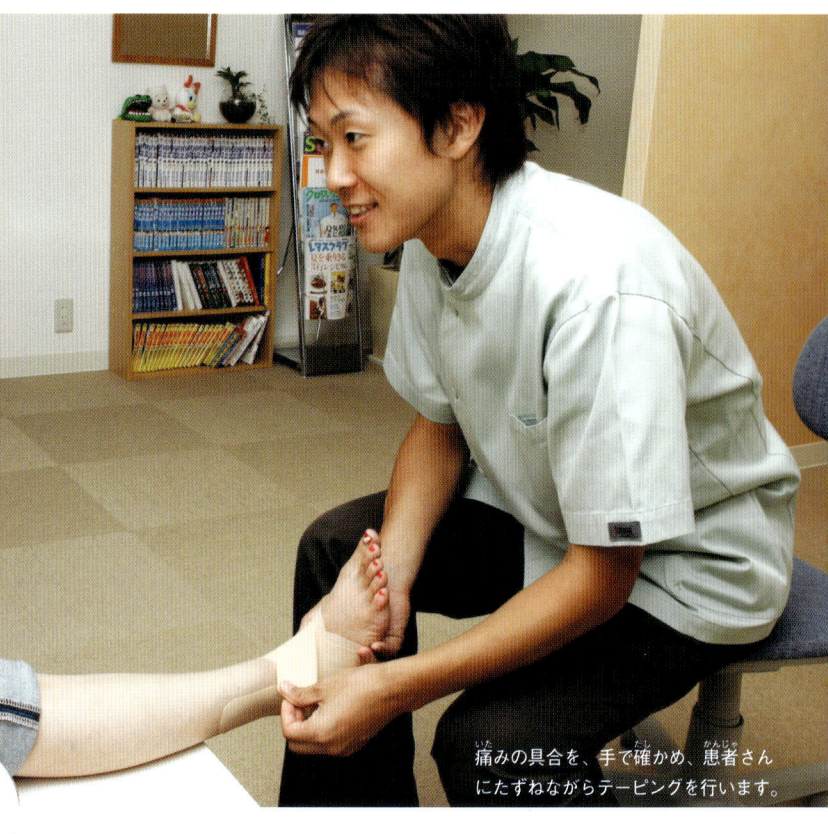

どんな仕事？

柔道整復師は、人体の骨と筋肉のことを専門的に学び、正しい骨と筋肉の状態にもどす「整復」を行う医療技術者です。日本では昔から「ほねつぎ」とよばれてきましたが、1992年に国家資格となってからは、「柔道整復師」がこの職業の正式な名前になりました。

扱う症状は、骨折、脱臼、腰痛、打ぼく、スポーツ障がいなど、骨と筋肉に関わるものすべてです。このような症状は病院の整形外科でも扱いますが、病院では、X線など、機械を使った検査が多くなります。

一方、柔道整復師の場合、診断の基本は「手でふれること」です。治療についても、原則的に薬は使いません。手を使って関節の状態を治す、マッサージを行う、テーピングをする、といった方法をとり、症状に合った体操の指導もしています。

なぜ「柔道整復師」というの？

　柔道をする人だけを対象にしているわけではないのに柔道整復師とよぶのは、もともと、柔道と医療とに深い関わりがあったからです。
　柔道の前身である「柔術」には、「敵を倒す」技術のほかにもうひとつ、「倒された者を治す」という技術もふくまれていました。のちに「倒す技術」だけが競技の柔道となりましたが、「治す」ほうに注目したのが、この柔道整復師なのです。

治療のカギは患者さんの「話」にも

　柔道整復師は、まず患者さんの話をじっくりきくことから診療を始めます。
　その症状が起こった状況を始めとして、患者さんの生活ぶり、からだの使い方、精神状態、仕事や学校の様子はどうか、といったことも症状と深い関係があるので、話をきくことはとくに重要なのです。そういった話には、「それが原因だったのだ」「それを治せばよくなる」といったヒントが、しばしばかくされているからです。
　病院とはまたちがった、こうした診療方針を信頼して通ってくる患者さんはたくさんいます。

患者さんの希望にそった治療を

　痛むところをけっして使わないよう禁止してしまうのは簡単ですが、それでは患者さんの仕事や学校生活などが制限されたり、ストレスがたまったりしてしまいます。
　ですから、患者さんの希望をできるだけ生かしながら「これはやってもいいが、これだけは気をつけて」といった、きめ細かいアドバイスをします。このようなことができるのも、「話をきく」柔道整復師の治療のよいところです。
　アドバイスの内容は、症状だけでなく、患者さんひとりひとりの性格によっても変わってきますから、じっくり話をすることは、治療をするときの大きなカギとなるのです。

▼患者さんには、気軽にどんなことでも話してもらいます。

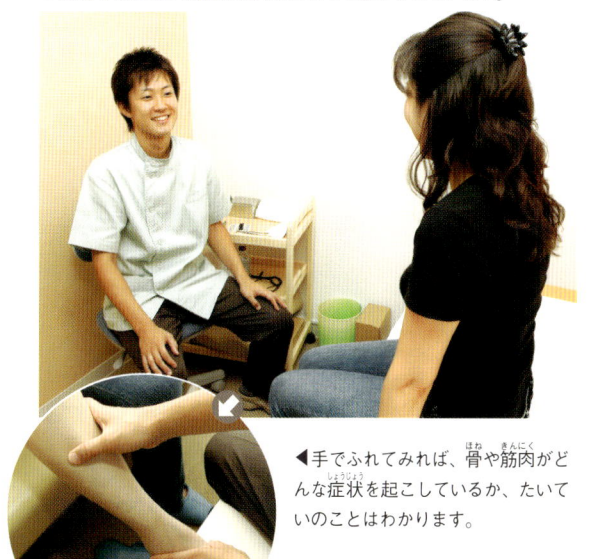

◀手でふれてみれば、骨や筋肉がどんな症状を起こしているか、たいていのことはわかります。

▼プロの手で行われるテーピング。これで症状がずいぶん楽になります。

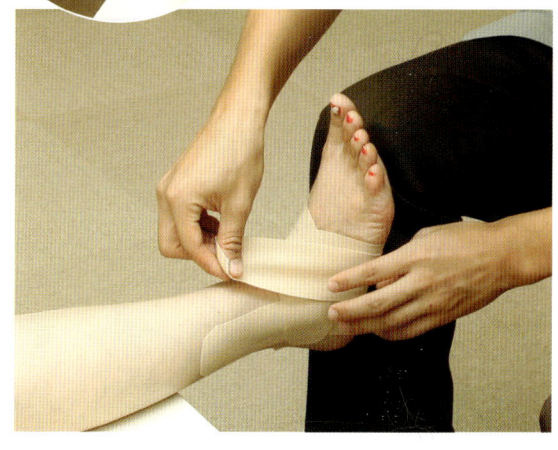

◀初診の患者さんには、具合の悪いところについて、問診表にくわしく書いてもらいます。

▼自分でからだを動かすことも大切。（写真左下は足の裏のつぼを刺激、下はふくらはぎをのばすために使う器具）

柔道整復師の話をきこう

勝部さんは、千葉県浦安市の、あすなろ整骨院の院長として大勢の患者さんの治療にあたる一方で、スポーツトレーナーとしても、プロスポーツ選手、学生、社会人スポーツ団体などに指導をしています。

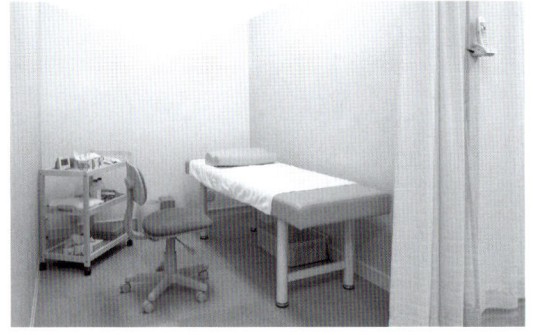

あすなろ整骨院
勝部 由さん

▲ベッドのあるスペースはカーテンで仕切られていて落ちつきます。

▲カルテの整理。カルテを見れば、すぐに顔と症状がうかびます。

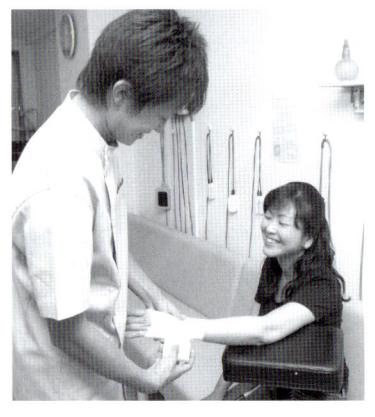

▶患者さんの笑顔に、何よりも喜びを感じます。

柔道整復師をめざしたきっかけは何ですか。

子どものころからずっとサッカーが大好きだったぼくは、本当はサッカー選手になろうと思っていました。

ところが、高校生のとき、足に大けがをしてしまったのです。どんな病院でも治らず、もうサッカーもできないとあきらめかけたとき、またプレーができるまでに治してくれたのが、柔道整復師の先生でした。その力のすばらしさに感動し、自分も、つらい思いをしている人を助ける仕事ができたら、と考えたのです。

柔道整復師の治療は、整形外科の医師の治療とどうちがうのですか。

柔道整復師は手で診断し、手で治します。骨や筋肉の状態は、直接ふれてみればたいていのことはわかりますし、関節の異状などは、手で治せるものがたくさんあります。

薬を飲んでも治らなかった痛みが、手による治療で、その場で治ることもよくあります。

仕事をしていてうれしいこと、つらいことは何ですか。

うれしいのは、「よくなった」という患者さんの笑顔を見たときです。

柔道整復師への道

つらいのは、患者さんの心の苦しさも、すべて受け止めなければならないので、その重みをずっしりと感じるときです。

柔道整復師になってほしいのはどんな人ですか。

患者さんの話をじっくりきき、その人が快適に生活できるような治療を考える仕事ですから、「人間が好き」なことが必要ですね。

人見知りでも口下手でも、それは何とかなります。ぼく自身もけっこう人見知りするんです。でも、人間が好きなら問題ありません。

それから、ぼくのように、けがや病気で苦労したことがあって、健康であることの大切さを身をもって経験した人にこそ、ぜひこの仕事をして、それを多くの人に伝えてほしいです。

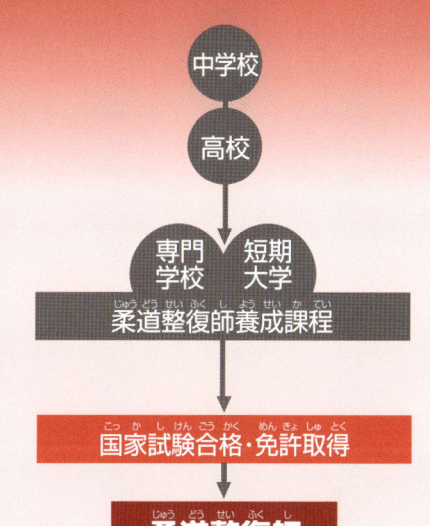

> その人にもっともよい治療をしたい。だから話をじっくりききます。

```
中学校
  ↓
 高校
  ↓
専門学校／短期大学
柔道整復師養成課程
  ↓
国家試験合格・免許取得
  ↓
柔道整復師
```

柔道整復師になるには、柔道整復師養成課程のある専門学校か短期大学に通い、国家試験を受けて免許を取得することが必要です。学校では、医学、生理学、解剖学など、人のからだについて深く学び、柔道の実習も行います。国家試験でも、柔道の実技が課せられます。

柔道整復師の働く場は？

柔道整復師の免許を持っていると、健康保険を取り扱う整骨院、接骨院、ほねつぎなどを自分で開くことができます。

そのほかにも、この資格を生かして仕事をする場は広がっています。病院の整形外科や、お年寄りの介護をする施設で、治療やリハビリにあたる人もいます。

また、柔道以外の幅広いスポーツの知識やスポーツ医学などの知識も持ち、スポーツトレーナーとして働く人もいます。

手話通訳士
しゅわつうやくし

耳の不自由な人のことを
「ろう者」といいます。
ろう者のおもな
コミュニケーション手段は、
手の動きで話す手話。
手話通訳士は、
手話を使って
ろう者と周りの人を
つなぎます。

手から無数の言葉が生まれていきます。上は「手話」「通訳」「士」の手話。

手話をするときは、相手の目をまっすぐ見ます。

どんな仕事？

手話通訳士の仕事は、健聴者（耳のきこえる人）と、ろう者の間での通訳です。

手話通訳士は、健聴者の話をきいて、手話に置きかえる「聞き取り」と、ろう者の手話を見て、健聴者に話して伝える「読み取り」の、二通りの通訳をします。この仕事をするには、手話を使いこなせた上で、相手のいいたいことを的確に判断できる能力が必要です。

▶海外旅行に同行してツアーコンダクターの説明を手話で通訳。

ろう者によりそって

　手話通訳士は、病院、警察、裁判所や会社の面接会場などで仕事をする機会が多くあります。

　こうした場所に、ろう者がひとりで出かけていけば、相手の話すことがわからず不安な思いをするでしょう。自分のいいたいことが伝えられず、一方的に何かを決められてしまうこともあるかもしれません。でも、手話通訳士がいれば、どこに行くときも安心です。

　そのほか手話通訳士は、結婚式や旅行先、講演会や、コンサート会場でも手話通訳をして、ろう者が健聴者と変わらず、実りある時間をすごせるよう、力になります。

正確に、気持ちをこめて

　「聞き取り」をするとき、手話通訳士は、耳できいた言葉を瞬時に手話に置きかえるため、ききもらしがないようとても集中しています。とくに日本語には、「花」と「鼻」のように同じ音でも、意味がまったくちがう言葉が多くあります。何をさしている言葉か、正しく判断するために、豊富な知識も必要です。

　また、言葉を置きかえただけでは、相手がどんな感情でいるのかわからないこともあります。手話通訳士は、ただ「わかりました」と伝えるだけでも、発言者がうれしいのか、悲しいのかによって、表情や口調を変えて表現します。

手話を広げる

　手話通訳士は手話を教えることもあります。手話に興味を持つ人や、手話を使ってろう者にサービスしたいと考える会社が増えているのです。

　とはいえ、現在の日本では、ろう者に対して手話通訳士の数が足りず、ろう者が依頼しても手話通訳士が出向くことができないときも多くあります。未来の手話通訳士が誕生することを願って、手話通訳士は手話を教えています。

▶ろう者の老人ホームで。手話通訳士として外国に行った体験を手話を使って話しています。

◀デパート店員の手話研修。

あなたのそばにろう者がいたら

手話がわからなくても、ろう者が困っているときにできることがあります。

字を書く
紙に字を書く筆談は、すぐにできるコミュニケーション手段です。紙とペンを持っていなくても、空中に大きく字を書けば言葉を伝えることができます。

口を大きく開けて話す
ろう者の中には、相手が話している口の形から、言葉を読み取れる人がいます。口を大きく開けて話をすれば、スムーズに読み取ってもらうことができます。

かわりに電話をかける
ろう者が外出先から緊急に、職場や家族と連絡を取りたいとき、代わりに電話をかけてくれる人がいれば、安心です。

電話お願い手帳
「かわりに電話をかけていただけますか」など、ろう者が周りの人にお願いしたいことが手帳とカードにプリントされています。これをさしだすことで、ろう者は周りの人にいろいろなお願いがしやすくなります。

手話通訳士の話をきこう

谷さんは、20歳で手話通訳士の認定試験に合格。その後、「NHK手話ニュース」で、手話のニュースキャスターをつとめるなど、手話通訳士として幅広く活躍しています。

手話技能検定協会
谷 千春さん

▲講演会で手話のおもしろさを伝える谷さん。

▲アメリカで短期留学生のろう者に向けた手話。

▲4年に1度開かれる「世界ろう者会議」の様子。

どうして、手話を始めたのですか。

17歳のときに、ろう者の友人ができました。最初は、あいさつさえもうまく伝わらずに困っていたのですが、手話をできる人が間に入ってくれたとたん、スムーズに会話することができたのです。そのときの手話の正確さ、動きのきれいなこと、早いことに感動して、手話を習ってみようと思いました。

そのあと、手話を勉強していくうちに、「耳がきこえないだけで、兄弟の結婚式に出席させてもらえなかった」という悲しい話をきくこともあり、少しでもろう者の力になりたいと強く思うようになっていきました。

どんな人がこの仕事に向いていますか。

相手の気持ちをくみとろうとする心がある人です。相手が「何をいったか」ではなく、「何をいいたいのか」を感じられる人には、ぜひ手話通訳士になってほしいと思います。

手話がうまいかどうかは問題ではありません。わたし自身は左ききで、手話を始めたときは、ちゃんとできるだろうかと心配でした。そのことを先生に相談すると、「ろう者の中にも左ききの人がいるのだから、気にせずどうどうとやりなさい」といってくれて、手話をつづけることができました。

手話通訳士への道

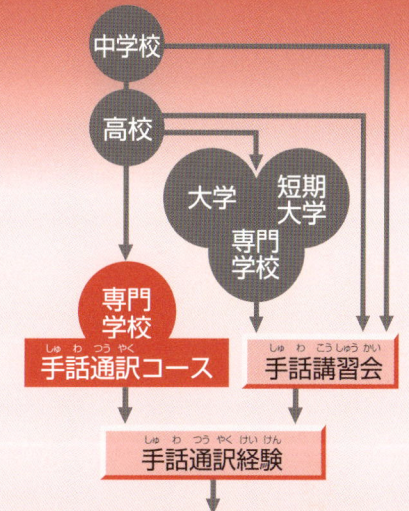

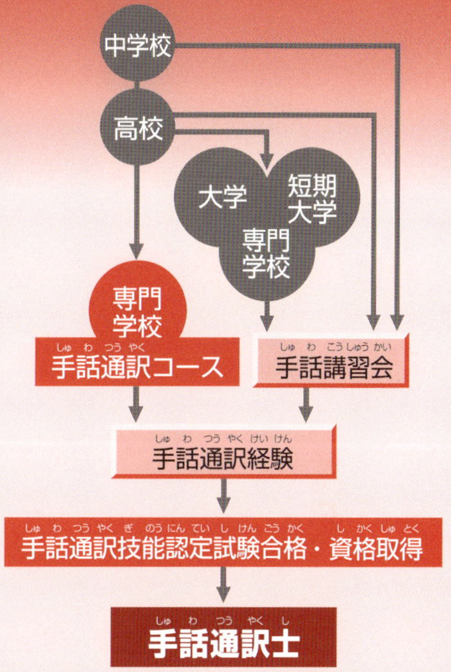

仕事をしていてうれしいことは何ですか。

自分が通訳として関わった人から、退院した、トラブルが解決した、というよい知らせをきいたときです。以前、結婚式で手話をしていたとき、そこに出席していたご夫婦から、「私たちの結婚式のときも谷さんに手話をしてもらいました。今年で結婚10年目になります」といわれて、とてもうれしかったですね。

この仕事をめざす子どもへメッセージをお願いします。

ろう者にとってわたしたち手話通訳士は、マラソンランナーにとっての栄養ドリンクのようなものです。マラソンランナーが苦しいときに栄養ドリンクを飲めば、あと10km走れるように、ろう者は手話通訳士がいれば安心して外へ出かけていけるのです。

手話通訳士をめざす人には、映画をたくさん観たり、本を読んだり、おいしいものを食べたりして、心を豊かにしてほしいですね。心が豊かになれば、周りの人が思っていることを敏感に感じ取れるようになると思います。

手話があたりまえのものとして広がることを願っています。

手話通訳士への道（フロー図）

中学校 → 高校 → 大学／短期大学／専門学校 → 手話講習会
中学校 → 専門学校 手話通訳コース
↓
手話通訳経験
↓
手話通訳技能認定試験合格・資格取得
↓
手話通訳士

手話は、専門学校の手話通訳コース、または手話講習会などで学ぶことができます。3年以上の手話通訳経験を積んで20歳以上になると、手話通訳技能認定試験の受験資格が得られます。試験に合格し、市区町村の福祉課に手話通訳士として登録すると、手話通訳を依頼されるようになります。

福祉の現場で活躍する手話通訳士

現在、手話通訳士として登録されている人の中には、看護師、福祉施設職員、ソーシャルワーカーなどの仕事を持ち、ふだんの業務に手話通訳の技能を生かしている人が多くいます。手話通訳を専門に仕事をしている手話通訳士は、手話通訳の派遣協会などにつとめ、ろう者の要望に応じて、どこへでも出かけていき、通訳をします。

◀「つなぐ」の手話。手話通訳士は人と人とを「つなぐ」仕事です。

しょうがっこうきょうゆ
小学校教諭

クラスを受け持つ
小学校教諭は、
教科の内容を
教えるだけでなく、
生活においても
さまざまなことを
子どもに教え導きます。

授業はつねに工夫をします。
楽しく学べるのがいちばん。

教壇に立って授業をするときに使う物の数々。小学校教諭は、行動のひとつひとつをつねに見られます。仕事の責任は重いけれど、やりがいも大きいもの。

どんな仕事？

小学校教諭の仕事でいちばんの基本は、子どもたちに基礎的な学力をつけること。そのため子どもの興味を引き出す楽しい授業をしようと、苦労して授業計画をつくります。その学年で教える内容は決められているので、それをどのようにして1年間で教えていくかを考えます。簡単なことではありませんが、子どもが成長していく手ごたえを感じられる仕事です。

▶ わかりにくいところは、根気よくていねいに教えます。

授業のアイデアを練る

　教科書の内容を1年間で教えるためには、授業計画を立てなくてはなりません。授業計画は、「学習指導要領」という、文部科学省で定められた指導方針にそって組み立てます。

　まず、年間の授業計画を、年度の初めに立てます。自分のクラスの授業をどのような流れで行うか、1年を通して計画を立てるのです。

　その後は、毎週月曜日から金曜日までの授業について、その前の週末までに考えます。

　さらに「45分間を使ってどのように授業を進めるか」という具体的な授業の内容を、前日の放課後に考えなければなりません。これを毎日くりかえします。

　このように、小学校教諭はいつでも授業のことを考えているのです。

ひとりひとりの子どもを知る

　子どもたちに指導をするためには、それぞれの子どものことをよく知らなくてはなりません。小学校教諭は、子どもと一緒に遊んだり、給食を食べたり、そうじをしたりして、学校生活を通して、ひとりひとりの子どもを観察します。

　また、家庭での子どもの様子を知るために、連絡帳を使って、保護者と連絡を取りあいます。子どもの様子で心配なことがあれば、保護者に電話をすることもあります。

休み時間や放課後もいそがしい

　小学校教諭はとてもいそがしい仕事です。毎日の授業をするほかにも、テストの採点をしたり、職員会議に出たりしなければなりません。また、「学年だより」や「クラスだより」をつくる、学校行事の前にはその準備をする、学期末には通知表をつくるなどの仕事もあります。休み時間や放課後だけで仕事が終わらないときは、家に帰ってからも、採点などのつづきをします。

◀児童集会は子どもたちが主役。手を貸さずにじっと見守ります。

▶▼ひとりひとりの反応を見ながら授業を進めます。

▼子どもたちと一緒に食べる、給食の時間。

▶職員室で大事な書類を提出。真剣な表情です。

小学校教諭の話をきこう

東京の小学校で4年生のクラスを受け持つ石邑さん。
この仕事は、子どもの成長にたずさわることができ、
人と人との関わりを大切にできる、
やりがいのある仕事だといいます。

港区立御成門小学校
石邑 由紀子さん

▲休み時間、子どもと一緒に走って遊ぶこともあります。

▲教室移動で整列の号令をかけます。「静かに、すばやくね」。

▲空き時間を見つけてプリントの採点。息をぬくひまもありません。

どうして先生になったのですか。

教えることが大好きだったからです。教師は、自分が経験したことや学んだことを生かせる仕事です。子どもは日に日に成長していきますが、自分もその役に立っていると実感できます。

仕事をしていて大変なこと、楽しいことは何ですか。

授業内容を考えるのは大変です。一日中授業のことは頭から離れませんし、夜中まで、翌日の指導案が決められないこともあります。
でも、子どもの反応を見るのは楽しいです。子どもは、教師がきちんと向きあえばその分こたえてくれます。たくさんの反応が返ってくると、「やったー！ またがんばろう」と思います。

どんな授業を心がけていますか。

授業は、教師が楽しんで指導しないと、子どもも楽しめないのです。だから「わたし自身が楽しんで授業をする」ことを心がけています。たとえば、算数で「三角形の面積」を教えるには、公式の丸暗記ではなく、紙工作をさせる、何種類の公式が使えるかゲーム感覚で見つけさせるなどします。子どもが今何に興味を持っているかを察知して、教材に生かしたりもします。

小学校教諭への道

どんな人が先生に向いていると思いますか。

　子どもと一緒に遊べる人、子どもの気持ちになって一緒に話せる人ですね。でもいちばん大切なのは、計画的にものごとを進められるということです。毎日の授業を進めながらも、1年後に子どもたちにどうなってほしいのかを見通すことができないと困りますから。
　そして、目標のために努力するねばり強さを持った人が教師に向いていると思います。

この仕事をめざす子どもへメッセージをお願いします。

　先生になって、いろいろなことを伝えられるように、たくさんのことを経験してほしいです。とくに夏休みのような長い休みには、ふだんできないことにチャレンジしてみるといいですね。

> 子どもがのびていく様子が伝わってくる、やりがいのある毎日です。

小学校教諭への道

中学校
↓
高校
↓
大学　短期大学
↓
小学校教員養成課程
↓
免許取得
↓
採用試験合格
↓
小学校教諭

　小学校教諭になるには、まず小学校教諭免許を取らなくてはなりません。免許は、大学や短期大学の小学校教員養成課程で学んで取得できます。免許を取得したら、働きたい都道府県や市が行う教員採用試験（私立なら各学校の採用試験）を受けます。試験に合格すれば教員として働く資格が得られます。

「小学校の先生」いろいろ

　小学校には担任の教師以外にも先生がいます。音楽や図工、体育など専門の1教科を教えるのは「専科の教師」。英語の時間だけ学校に来る「ＡＬＴ（外国人語学指導助手）」。担任の教師と一緒に授業を行うのは「ＴＴ（チーム・ティーチング）」。また、担任の教師がお産や育児、病気などで長く休むときは、「臨時的任用教員」が代わりをつとめます。

しょうにかい
小児科医

0歳の赤ちゃんから、中学生までの「子ども」を診る小児科の医師は、子どものからだや心を守ると同時に、子育てをする親の心強い相談相手です。

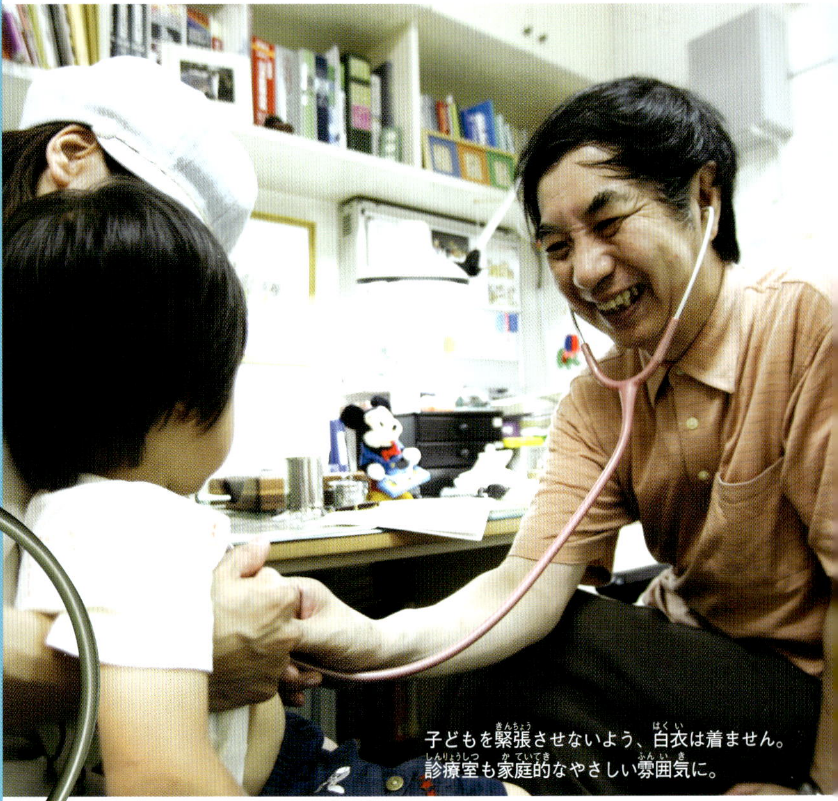

子どもを緊張させないよう、白衣は着ません。
診療室も家庭的なやさしい雰囲気に。

小児科医の診察は、機械で検査をするよりも、まず子どもの様子を自分の目で観察し、聴診器を当ててからだの音を耳できくことが基本です。また、子どもと心を通わせ、話したり遊んだりすることも診察の役に立ちます。

どんな仕事？

小児科医は、0歳から15歳までの子どもの診療をする医師です。大人を診る医師と特別ちがうわけではありませんが、なぜ子どもだけの科があるのかというと、大人と子どもでは、病気の種類がちがうからです。

子どもの病気の多くは、ウイルスや細菌が原因の「感染症」ですから、本来は、何もしなくても時間がたてば治るものが多いのです。けれども、その間、子どもがあまり苦しい思いをしないよう、また、親が心配しすぎないよう、小児科医は、病気の説明をしたり、必要ならば薬を出したり、早く回復するための生活上の注意を伝えたりします。

▲絵本やおもちゃが並ぶ待合室。

小児科医としての心づかい

　子どもは、大人の患者さんとちがい、医師の前だからといって遠慮したり、がまんしたりはしません。そういう患者さんを診るのは、むずかしそうですが、じつはそのほうが本当の状態がわかりやすいという考え方もあります。

　子どもによっては、医師をこわがって泣いたり緊張したりすることもあるので、小児科医は子どもの心をやわらげ、楽しい雰囲気をつくることにも努力しています。

　たとえば、待合室や診察室を、明るく子どもらしい雰囲気にし、子ども向けの本やおもちゃを置くなどの工夫をします。

　また、「子どもと友だちのようになる」のも、診療をうまく進めるための、小児科医の仕事のひとつだといえます。

心のケアも重要

　子どもの具合が悪いのは、「心の問題」が原因になっていることも少なくありません。小児科医は子どもの本音を引き出して、その原因を見つけ、問題を解決する役割も果たします。また、子どもの病気や子育てについて、さまざまな不安を抱えている親も多いので、その話をきき、アドバイスしたり、安心させたりすることも、子どもの健康につながるのです。

　このように、小児科医は、心のケアをすることの多い医師だといえるでしょう。

大病院の小児科病棟では

　重い病気の子どもは、大きな病院の小児科に入院し、治療を受けます。学校の勉強ができる病棟を持つ病院もあります。大きな病院に勤務する小児科医は、さまざまな機器を使いこなして検査や治療をすることも多くあります。また、子どもの入院患者にとって、看護師（→P10）とともに、家族のような役目をしているともいえます。

▼病気と関係のない話から、具合の悪い原因が見えることもあります。

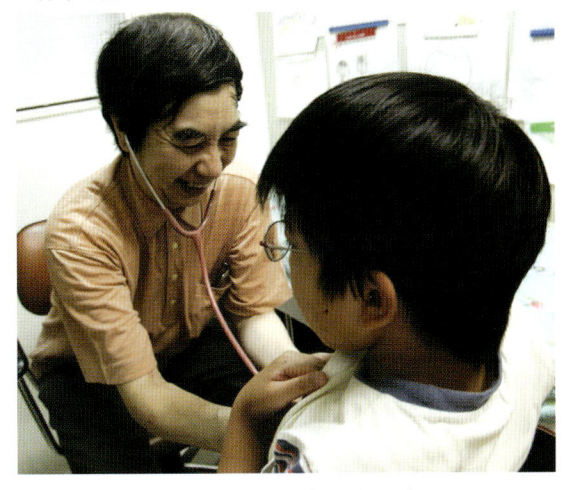

▼お母さんともよく話しあい、アドバイスをします。

▼診察室の壁には、子どもたちが待っている間にかいた作文や絵がいっぱい。

▲大切なことは目を引きやすいようにイラスト入りのはり紙にしています。

小児科医の話をきこう

山田さんは、東京大学医学部を卒業し、
現在、東京のふたつの診療所で小児科医をしています。
「ワハハ先生」の愛称で親しまれ、
本もたくさん出しています。

八王子中央診療所
梅村こども診療所
山田 真さん

▲山田さんのつとめる、小児科専門の診療所のひとつ。

▲診察室にもおもちゃを置いています。

▶子ども向けも大人向けも、たくさんの本を書いてきました。

小児科医になろうと思ったのはいつですか。

岐阜で十代つづいた医者の家の一人息子に生まれたので、子どものころから医者になるものだと思っていました。小児科を選んだのは、すばらしい育児の本を書かれた松田道雄先生という人を尊敬していたからでもあります。もちろん、子どもは大好きで、対等に話をしたり、赤ちゃんと遊んだりできるのが、とてもうれしいです。大学生のときは、演劇をやっていて、俳優になりたいと思ったこともありました。

仕事をしていて、つらいと思うことはありませんか。

子どもはいつもあるがままで、おせじもいわないので、こちらも気が楽です。いったん心を開けばいろんなおもしろい話をしてくれます。子どもをそういう気にさせるのはぼくの得意技なので、毎日楽しく診療しています。つらいと思うことはありません。

診療のほかにどんな仕事をしていますか。

本や雑誌などに、子どもの心やからだのこと、医療のこと、それから自分自身のことも書いています。どんな話も、やさしい言葉でわかりやすく書こうと思っています。

小児科医への道

どんな人に小児科医になってほしいと思いますか。

　子どもが好きというのが第一条件です。小児科医でも、「子どもはうるさい」という人がときどきいるのですが、子どもというのはうるさいものなんです。うるさくていやだと思うようでは、小児科医には向きませんね。

　それから、医師の中でも小児科医には、社会の問題に関心の強い人が比較的多いです。

　子どもの病気につながる心の問題をたどっていくと、学校や家庭の問題、つまりは社会の問題にぶつかるので、どうしても、それに無関心ではいられないはずなのです。

　本当に子どものためを思って小児科医になるのなら、世の中のできごとに関心を持った人になってほしいと思います。

> 子どもにいつでも遊んでもらえてこんなに楽しい仕事はありません。

```
中学校
 ↓
 高校
 ↓
大学医学部
 ↓
国家試験合格・免許取得
 ↓
病院の小児科で研修医勤務
 ↓
 小児科医
```

　小児科医になるには、大学の医学部で6年間学んだあと、国家試験を受けて、医師免許を取得します。試験では、あらゆる診療科目についての問題が出ます。その後、病院の小児科で研修医として働くところから、小児科医になるのです。

小児科医に求められるもの

　子どもの病気は、自然に治るものが多いとはいえ、一刻を争う病気もあります。小さい子どもはどこが苦しいのか言葉でいえないので、ちょっとした異状から重大な病気に気づく、確かな観察眼が小児科医には必要です。

　病気のほかにも、予防接種、発育・発達についての相談、発達段階に応じた心のケアなど、ほかの科の医師とはちがう仕事もたくさん抱えているのが小児科医です。

　子どもの数が少なくなり、小児科医の数も減っている今こそ、質の高い小児科医が求められているといえるでしょう。

せいしんほけんふくしし
精神保健福祉士

心の病を持つ人たちが
社会でくらしやすいように
その人の身になって
相談にのる専門家が
精神保健福祉士です。
だれもが幸せな人生を
送れるように手助けをする
「社会福祉の仕事」です。

相談に来る人は、わずらっている本人だけではなく、家族だったり、仕事仲間だったりすることもあります。病気を克服するには、周囲の人たちの協力が欠かせません。

なごやかに、患者さんたちの話しあいの進行役をつとめます。

どんな仕事？

「社会福祉の仕事」は、毎日の生活を送るのに不便を感じる人たちの相談にのり、問題を解決する仕事です。
　相談に来る人は、病気になって治療費が払えない、障がいを持って働けなくなった、高齢のため生活費に困っているなど、さまざまな問題を抱えています。社会福祉の仕事をする人たちは、病院や福祉施設、市区町村の福祉課、保健所などの場所で活躍しています。
　その中で、おもに心の病をわずらった人たちの相談にのる仕事が「精神保健福祉士」です。その人が抱えている生活の問題を解決したり、社会復帰に向けての手助けをしたりします。
　強いストレスを感じる人の多い現代日本。だれもが心の病をわずらう可能性があります。精神的に健康ですごすために、今後ますます重要になる仕事です。

46

相談に来た人の希望をかなえる努力

　精神保健福祉士は、まず相談に来た人と面接をして、どういう悩みを持っているのか、どのような治療を希望しているのか、どのように生活をしていきたいのかなどをくわしくききます。その人に必要なことが何かわかったら、その人の家族や職場に相談をしたり、医師や看護師（→P10）など病院で一緒に働く人たちに意見を出したりして、治療を進めていきます。

　このように精神保健福祉士は、相談に来た人と周りの人たちとの「橋渡し」の役目をするのです。

働く場所で仕事は変わる

　病院で働く精神保健福祉士は、精神科や心療内科の患者さんから、治療や入院に関すること、入院中の料金の支払い、退院してから社会生活にもどるときの不安などの相談にのります。医師と話しあって治療方針を考えたり、ときには、その人の病気を専門に扱う別の病院をさがして、患者さんに紹介したりすることもあります。また、生活訓練の指導もします。

　精神保健福祉士は病院以外でも働いています。たとえば、地域作業所とよばれる精神障がい者の社会参加をめざす施設では、集団でいろいろな作業をして、社会参加するための技術を身につける訓練をしたり、病気の体験をみんなで話しあって、病気に対する理解を深めたりします。みんなで料理をつくったり、スポーツをしたりするのも、社会復帰のための訓練の一部です。

　保健所では、地域の住民の「心の健康」に関する相談を受けます。また、障がい者の家族が集まって話しあう会を設けたり、心の健康についての知識を住民に広めたりもします。

　このような精神保健福祉士の幅広い活動によって、心の病を持つ人たちも安心してくらせる世の中がつくられていくのです。

▼相手の気持ちを楽にするため、笑顔は欠かせません。

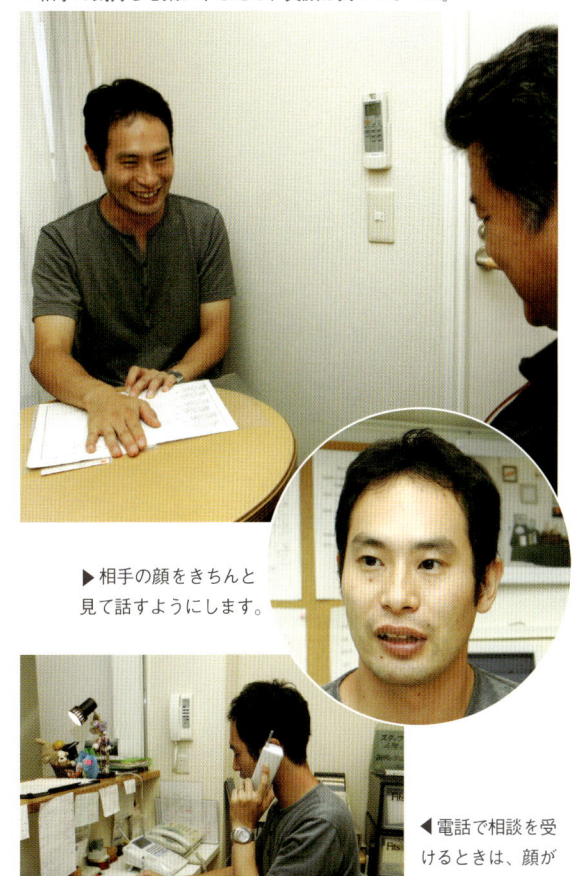

▶相手の顔をきちんと見て話すようにします。

◀電話で相談を受けるときは、顔が見えない分、よりていねいな応対が必要になります。

▼看護師に患者さんのことを報告。今後の治療について話しあいます。

▲患者さんが工作をして完成した人形。このような作業療法も行います。

精神保健福祉士の話をきこう

田中さんは、大学を出ていろいろな仕事を経験しましたが、精神障がい者の地域作業所で働いていたとき、現在いる病院の院長先生に出会い、この仕事をめざしました。患者さんたちの頼れる相談相手です。

大石クリニック
田中 間さん

▲落ちついた雰囲気の談話室。

▲パソコンで書類づくりもします。

▲相手が気持ちを話しやすいようにします。

どうして精神保健福祉士になったのですか。

もともと、人とふれあう仕事が自分に合っていると思っていました。精神保健福祉士という仕事は大学に入ってから知りましたが、父が社会福祉関係の仕事をしていたこともあって、「福祉」というものに対して興味がありましたし、いずれこのような仕事につくことになるだろうなと思っていました。

今は、患者さんが回復していく過程を一緒に体験できるのがうれしいです。いろいろな生き方を知ることも勉強になります。

仕事で気をつけていることは何ですか。

何か問題が起こったとき、それを自分ひとりで抱えこまないこと。医師や看護師ときちんと話しあい、チームで仕事に当たるようにします。

また、つねにおだやかな気持ちで人と接することができるように、失敗して落ちこんでも、次の日に持ちこさないようにしています。

どんな人がこの仕事に向いていますか。

話をきいて受けとめることができ、他人の生き方に関心を持てる人です。でも、お世話しすぎにならず、でしゃばりもせず、離れすぎもせ

48

ず向きあう。むずかしそうですが、多くの人との出会いを通して身につくものだと思います。

どんな精神保健福祉士をめざしていますか。

患者さんに「援助されている」と意識させて、心の負担になってしまわないようなサポートをしていきたいです。お礼はいってもらわなくていいのです。「気がついたらそばにいてくれた」といわれるような存在になりたいです。

この仕事をめざす子どもへメッセージをお願いします。

好奇心を大切にして、いろいろな人と出会い、その中から、いろいろな人生があるんだと感じ取ってほしいですね。また、これから人間関係で悩むこともあるかもしれませんが、その分、人生の幅が広がって、いい経験になるということを忘れないでほしいです。

押しつけではなく、自然な感じで援助できたら最高です。

精神保健福祉士への道

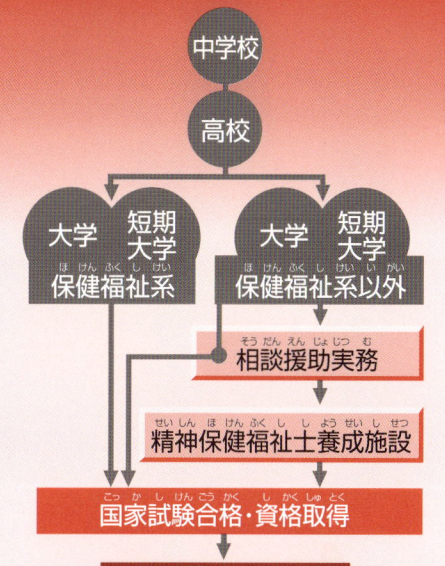

中学校
↓
高校
↓
大学・短期大学 保健福祉系 ／ 大学・短期大学 保健福祉系以外
↓
相談援助実務
↓
精神保健福祉士養成施設
↓
国家試験合格・資格取得
↓
精神保健福祉士

精神保健福祉士になるためには、国家試験に合格しなければなりません。試験を受けるための近道は、保健福祉系大学を卒業することです。
保健福祉系以外の大学を出た場合は、相談援助の実務経験を積んだり、精神保健福祉士の養成施設を出たりすれば、国家試験を受けることができます。

患者さんの不安を解消するソーシャルワーカー

心の病に限らず、ほかの病気でも、不安な思いをしている患者さんは大勢います。こういった患者さんの相談にのり、医療費の負担や、退院後の生活への不安などを解消する仕事を行う人たちは、全般的にソーシャルワーカーとよばれています。
精神保健福祉士は、精神障がいについて専門的な知識を持ち、心の病にかかった患者さんの相談を中心に行うので、精神科ソーシャルワーカーとよばれることもあります。

とでょかんししょ

図書館司書

図書館にはたくさんの本や新聞、雑誌、CDなどがあります。
図書館司書は、その中から必要な資料をすぐに見つけます。
調べものの相談にものり、みんなから頼りにされる仕事です。

利用者カードと本についたバーコードを読み取り貸し出し完了です。

図書館の本にはすべて、分類ごとに色のちがうラベルがはられています。

どんな仕事？

　図書館司書は、図書館で幅広くサービスを行う専門職です。資料の貸し出し・返却の受けつけだけでなく、新しい資料の注文、利用者からリクエストされた資料の用意、調べもののアドバイスもします。
　図書館には、自治体が運営している公共図書館と、学校や会社の中の図書館がありますが、ここでは、公共図書館の司書の仕事を紹介していきます。

▶利用者がさがしやすいよう、決まった位置に本をもどしていきます。

50

規則正しく資料を配置

図書館司書は、開館の1時間くらい前から出勤して、仕事を始めます。

返却ポストの中は、返された本でいっぱい。これを、決められた分類にそって棚にもどしていきます。一度に何冊もの本を運ぶので、力のいる作業です。新聞は、その日配達されたものに穴を空けてとじていきます。雑誌も毎日のように最新号が届くので、所定の棚に並べていきます。

さがしもの・調べものはおまかせ

利用者が資料を見つけられないとき、調べたいことがあるのに、何を参考にすればいいかわからないとき、図書館司書は心強い存在です。

パソコンで図書館のデータベースを検索して、館内にある資料はすぐに本棚から取り出します。館内にない場合は、図書館同士をつなぐネットワークを使って、その資料を置いている図書館をさがし、取り寄せるようにします。

調べるテーマによっては、必要な情報が書かれた資料がないこともあります。そんなときも、くわしい情報を持っている研究機関や専門の団体をさがし、利用者に紹介します。

図書館と利用者をつなぐ

ほかにも図書館司書は、だれでも気軽に図書館の資料を利用できるよう、いろいろなサービスを行っています。

からだが不自由で外出がむずかしい人のところへは、資料を届けにいき、目の見えない人には録音図書＊や点字図書の貸し出しも行います。また、いそがしくてゆっくり図書館に来られない人のために、インターネット上で資料の予約を受けつける図書館も増えてきました。こうしたサービスを通じ、図書館をより多くの人に利用してもらうことが、図書館司書たちの目標です。

▼返却ポストには、閉館中に返された本がどっさり。

▶ワゴンに本をのせて運びます。

▼新聞には図書館名の入ったスタンプを押していきます。

▶雑誌は最新号の表紙を正面に向けて並べます。

◀ほかの図書館にある本も、インターネットで調べます。

▲読みたい本の取り寄せを受けつけるリクエストカード。

◀どんな本があるのか、利用者にていねいに説明します。

▼利用者のために車いすを置く図書館も増えています。

＊録音図書…本や雑誌を朗読した声をテープやCDに録音したもの。点字とあわせて重要な情報源となっています。

図書館司書の話をきこう

子どものころから、本が大好きだったという江口さん。
利用者がタイトルや著者名をおぼえていなくても、
どんなことが書いてあるかをきいただけで
その本を見つけることもあるそうです。

中野区立中央図書館
江口 佑香さん

▲新しい本は、よごれないようビニールでコーティングします。

▲利用者から見えないところにも、本がびっしりとしまってあります。

▲この部屋でお話や本の読みきかせ、紙芝居をしています。

▲利用者が自分で検索できるパソコン。

どうして図書館司書になったのですか。

小さいころから本が身近にあって、活字中毒のように本を読んでいました。今でも一日一冊本を読みますし、雑誌にも目を通しますよ。
お店屋さんごっこも好きな子どもだったので、まず本屋さんになりたいと思い、それから図書館司書もいいなと考えるようになりました。

図書館に置く本はどのように決めるのですか。

新しい本の出版リストの中から、すでにある本とくらべたり、利用者のリクエストや、書店での反響を参考にしたりして決めます。児童書は、できるだけ本の問屋さんから送ってもらった本を実際に読んで決めるようにしています。
本を選ぶときは、本を客観的に見ることが必要です。自分が好きな本を選んでも利用者に借りてもらえないこともありますから。「選ぶのは利用者」という考え方をすることが大切ですね。

これからどんなサービスに力を入れたいですか。

現在、ここの図書館にはインターネットを使った予約サービスがあります。それから、プッシュホン電話から電話をかけてもらうと、自動音声で資料の貸し出し状況や予約状況をお知ら

図書館司書への道

せするサービスもしています。でも、子どもは大人がいなければインターネットを使えないこともありますし、お年寄りでプッシュホン電話を持っていない人もたくさんいると思います。

機械を使ったサービスは、利用できない人がいることを忘れずに、人が直接顔を合わせてできるサービスにもっと力を入れたいと思います。

この仕事をめざす子どもへメッセージをお願いします。

本が好きなことは大切ですが、図書館司書になるには、人と接するのが好きであることがいちばん重要だと思います。仕事中は人と接していることがほとんどです。利用者の中には、こちらよりもくわしい情報を持っている人もいます。うまくコミュニケーションができれば、利用者から情報をもらって、またほかの利用者に教えてあげられる楽しみもあります。

本の探偵のように、さがしている本を見つけられたときはうれしいです。

図書館司書への道（フローチャート）

中学校 → 高校 → 司書の補助／大学・短期大学・専門学校／大学司書課程
→ 司書講習 → 資格取得 → 図書館業務委託会社に入る／地方公務員 → 図書館司書

図書館司書になるには、司書の資格が必要です。これは、大学に入って司書課程の授業を受けると取得できます。また、大学・短期大学・専門学校卒業後か、司書の補助として3年以上働いてからでも、司書講習を受講して取ることができます。

図書館で働くには、図書館の採用試験に合格して図書館職員になる道と、地方公務員になって図書館につとめる道があります。また、図書館業務委託会社の社員になって働くケースも増えています。

サービスと専門知識

公共図書館は利用者の幅が広く、小さな子どもも、お年寄りも利用します。そのため、司書はそれぞれにあったサービスができなければなりません。大学や会社内の図書館は利用者が限られますが、専門的な資料が多く、深い知識を持った司書が求められます。

福祉用具専門相談員

力が弱いお年寄りは車いす、つえ、介護ベッドなどの福祉用具に支えられています。福祉用具専門相談員はお年寄りが快適な生活を送れるように用具選びの相談にのります。

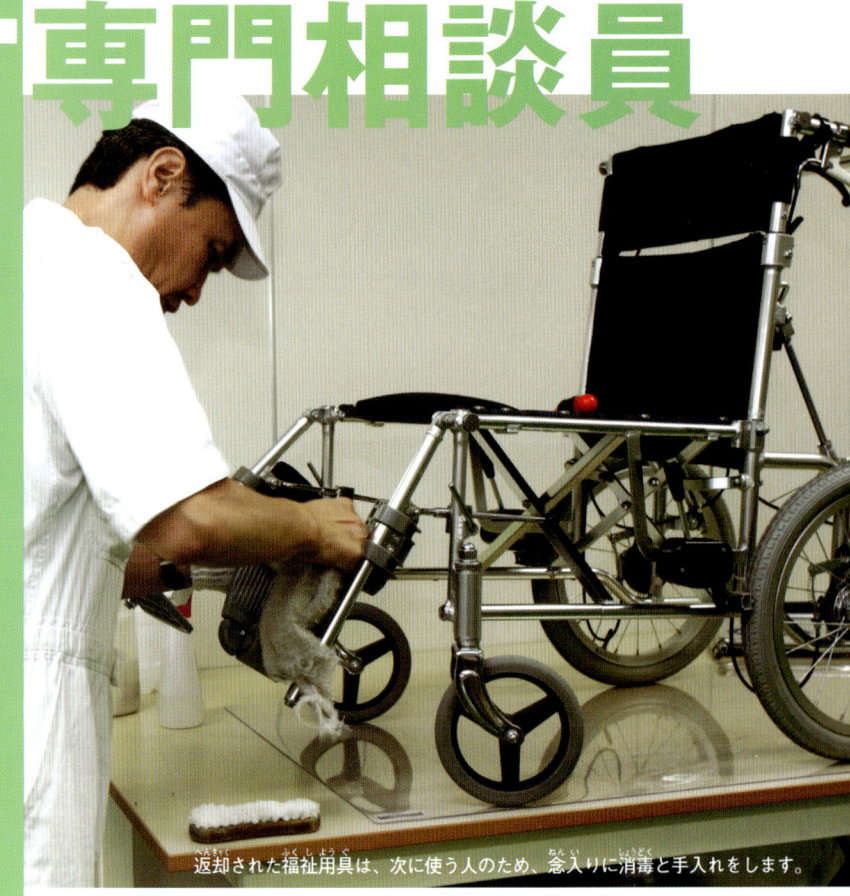

返却された福祉用具は、次に使う人のため、念入りに消毒と手入れをします。

どんな仕事？

福祉用具専門相談員は、福祉用具のレンタルショップに勤務しています。おもに車いす、介護ベッド、歩行器、つえなどの福祉用具の中から、それぞれの人にあった用具を選び、貸し出すのが仕事です。

2000年に始まった介護保険制度によって、介護が必要と認められたお年寄りは少額で福祉用具を借りられるようになりました。このためレンタルサービスの利用者は増え、福祉用具専門相談員の活躍の機会も多くなっています。

◀熱心にお客さんの話をきくことで、信頼関係ができていきます。

目的に合わせた用具選び

　相談員はケアマネジャー（→P22）から、連絡を受け、福祉用具を必要としているお年寄りの家を訪問します。そして、本人や家族に会って、用具選びの相談にのります。

　車いすひとつをとっても、いくつも種類があり、外に出かけるときに使うのか、家の中で使うのかによって、使いやすい車いすはちがいます。相談員は、福祉用具を使う相手の目的に応じて用具を選び、その人に合ったサイズを用意します。使い心地を試してもらい、納得のいく用具が見つかったらレンタル契約が成立します。

利用者が元気でいるために

　福祉用具を選ぶとき、利用者であるお年寄りや家族が、便利な機能のたくさんついた用具を希望することがあります。

　これに対し相談員は、利用者にとって必要最低限の機能だけがついた用具をすすめるようにします。なぜなら、必要以上に福祉用具を頼って自分の力を使わない生活をすると、体力が急速におとろえてしまうからです。

　たとえば、介護ベッドには、ボタンを押すだけでベッドの背が持ち上がる機能がついたものがありますが、自分の力で起き上がれる人には、こうした機能のついていないベッドをすすめます。

アフターサービスも大切

　貸し出し後も、相談員は定期的にお年寄りの家を訪問して用具を点検します。

　もし、利用者に用具が合わなかった場合や、正しくない使い方をした場合には、からだに悪い影響が出ることもあります。

　相談員はお年寄りに、福祉用具をどのように使っているか、からだの具合はどうかをていねいにたずね、自分の選んだ用具が本当に役立っているかを確認します。

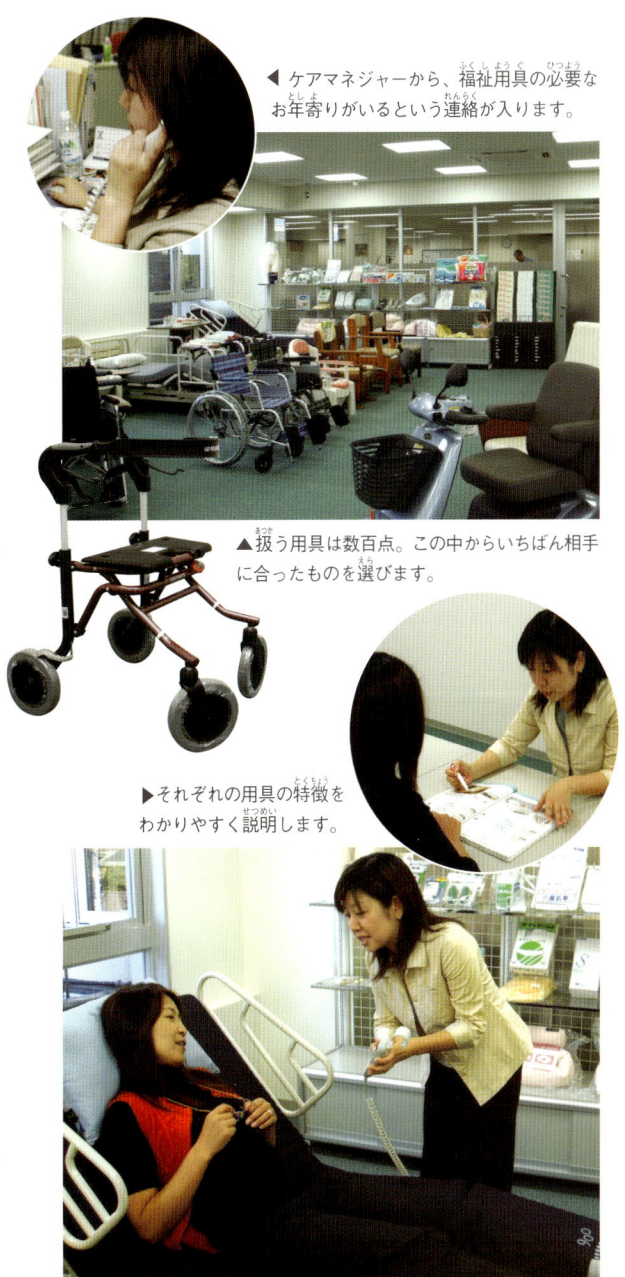

◀ ケアマネジャーから、福祉用具の必要なお年寄りがいるという連絡が入ります。

▲扱う用具は数百点。この中からいちばん相手に合ったものを選びます。

▶それぞれの用具の特徴をわかりやすく説明します。

▲お年寄りの家族に介護ベッドを試してもらいます。

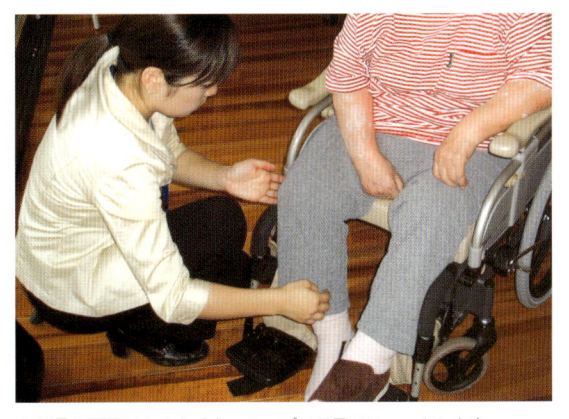

▲用具の調子はおかしくないか、プロの目でチェックします。

55

福祉用具専門相談員の話をきこう

島田さんは、大学で福祉について勉強し、障がい者施設などでボランティアを経験してきました。今では、朝から夕方までたくさんのお年寄りの家を訪問しています。

ヤマシタコーポレーション
島田 玲美さん

▲お客さんと接するときは、いつも笑顔で。

▲カバーを外して、すみずみまで洗浄します。

▲消毒の終わった用具の番号を登録。

仕事をしていてうれしいことは何ですか。

お客さんが元気になっていく姿を見ることですね。最初は寝たきりだった人が、次に訪問したときは、ベッドの上で上体を起こせるようになっていて、その次は、自分の力で起き上がれるようになっていたことがありました。とうとう、車いすで外に出られるようになったときは、とてもうれしかったです。

それから、わたしは仕事として福祉用具の貸し出しをしていますが、お年寄りのみなさんは、わたしが訪問すると、お友だちのようにむかえいれてくれます。たびたび「ありがとう」という言葉もかけてくれて、お年寄りは人としての器が大きいなと感じます。人生の大先輩からたくさんのことを教えていただいていますね。

お客さんと接するときどんなことに気をつけますか。

福祉用具は思うようにからだが動かず、つらい思いをしている人を楽にするためのものです。でもお客さんの中には、福祉用具に頼らなければならなくなったことで落ちこんでしまい、車いすを見るだけで、いやな気分になる人もいます。そんなときは福祉用具を押しつけるのではなく、ご家族と相談しながら、その人の性格に合わせて、だんだん無理なく、気持ちよく使ってもらえるように、声をかけていきます。

福祉用具専門相談員への道

仕事をしていて大変なことは何ですか。

　どの福祉用具を貸し出すかは、本人と家族の希望、それからケアマネジャーの意見をきいて決めます。それぞれの考えがちがうことも多く、その調整をするのが大変です。みなさんの話をしっかりときいた上で用具を選び、どんな効果があるのかを、それぞれに納得してもらえるように説明しています。

この仕事をめざす子どもへメッセージをお願いします。

　福祉の仕事をめざすなら、本を読んで勉強するより、実際に福祉施設でのボランティアなどを体験したほうがいいと思います。今は、小学生からボランティアとして受け入れてくれる施設も増えているので、ぜひ行ってみてください。自分のおじいさん、おばあさん、近所のお年寄りのお手伝いをするのもいいと思います。
　ぜひチャレンジしてください。

> お年寄りと笑顔で接していると、その帰り道もずっと笑顔です。

```
中学校
  ↓
 高校
  ↓
大学／短期大学／専門学校
  ↓
福祉用具専門相談員指定講習会
  ↓
資格取得
  ↓
福祉用具サービス会社に入る
  ↓
福祉用具専門相談員
```

　40時間の講習会に参加して福祉用具専門相談員の資格を取得し、福祉用具のレンタルを行っている会社に入社すれば、福祉用具専門相談員として働くことができます。また、介護福祉士、義肢装具士、保健師、看護師、准看護師、理学療法士、作業療法士、社会福祉士、ホームヘルパー2級以上のうち、いずれかの資格を持った人も、福祉用具専門相談員として働くことが認められています。

住宅改修の相談もおまかせ

　福祉用具専門相談員は、用具の貸し出しだけでなく、簡単な住宅改修の相談にのることもあります。
　階段や浴室、トイレの手すりの取りつけ、スロープを使った段差の解消など、お年寄りがくらしやすい住まいにするために、知識を生かしてさまざまな提案をします。

ほいくし

保育士

保育園に通う子どもたちの世話をするのが保育士。働く親に代わって日中の時間をともにすごし、心身の成長を助けます。

優しい「保育士さん」にくっついて離れない、園児たち。

子どもは「遊び」を通していろいろなことを学び、成長します。おもちゃを選ぶのも保育士の仕事。

どんな仕事？

最近は、お父さんとお母さんがそれぞれ仕事を持って外で働いている家庭が増えています。そのような家庭に小さい子どもがいたとき、昼間どうやって世話をするのかは大きな問題。そこで、親が安心して働けるように、0歳の赤ちゃんから小学校入学前の子どもたちを預かるのが保育園です。そこで、預かった子どものめんどうをみるのが保育士。園児の心とからだがすくすくと健康に育つよう手助けします。

▲「おそうじするよ～」といっているのに、ついふざけてしまう園児たち。

子どもを健康に育てる心配り

保育園には大切にしていることがいくつかあります。そのひとつは健康なからだづくり。園児を屋外で元気いっぱい活動させます。

もうひとつは、園児をとりまく自然や地域社会に興味を持たせること。園外を散歩して四季の変化を観察したり、行事を通して地域の人たちとふれあったりします。

また、おやつや給食にも気をつかっています。食べもののかたよりが多い子や、食事に意欲を持てない子が増えています。保育士は園児ひとりひとりの様子を見ながら、楽しく食べる工夫をしたり、食物アレルギーの対策を考えたりします。

保育士の一日

朝、園児を預かったら、夜、むかえが来るまでの間、楽しくも緊張する時間がつづきます。

➡ **8:00**
保育園に入り、園児をむかえる準備をします。通園してきた園児を遊ばせます。

➡ **11:00**
昼寝の準備を始めます。園児に布団をしかせます。

➡ **11:15**
昼食。小さい子には食べさせます。

➡ **12:00**
歯みがき、着がえをさせ、昼寝の用意をさせます。

➡ **12:30**
昼寝。園児が寝るまでは紙芝居などをします。園児が寝たら、保育士は大いそがし。連絡帳を書く、保育計画をつくる、行事の準備など、事務の仕事をします。

➡ **14:40**
眠ると汗をかくので、起きた園児に着がえをさせます。

➡ **15:00**
園児と一緒にそうじをします。

➡ **15:30**
おやつの準備をして食べます。歯みがきもします。

➡ **16:00**
親がむかえに来るまで、外で遊ばせます。園児がけんかやけがをすることのないよう見守ります。

➡ **20:00**
園児が全員帰るまで、保育士は気がぬけません。最後の子のむかえが来るのは、たいていこのころです。

これは一例です。早番・遅番に勤務時間を分けている保育園もあります。

▼園児が持ってきた連絡帳を集めます。

▶近くの海岸で潮干狩り。保育園の外に出る行事では、何人かの保育士がつき、危険なことが起こらないように注意します。

▲園児の健康を考えて、手づくりのおやつも取り入れます。（写真左上から、きなこをまぶしたもち、するめを使ったおやつ）

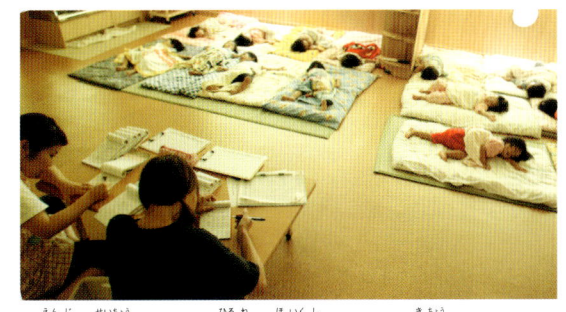

▲園児の成長には大切な昼寝。保育士にとっても貴重な時間です。

保育士の話をきこう

新杉田のびのび保育園
望月 綾子さん

望月さんは、5歳児を担当する保育士です。
小さいころからの、保育士になる夢をかなえて4年。
園児たちと一緒に遊んだり、おしゃべりをしたりと、
元気いっぱいで毎日仕事に取り組んでいます。

どうして保育士になったのですか。

小さいころ保育園に通っていたんですが、保育士は優しい人というイメージがあり、小学1年生のときに保育士になると決めました。わたしは引っこみじあんで自分を出せなくて。その残念な思いから、子どもの気持ちを引き出してあげられる保育士になりたいと思ったんです。

仕事をしていて楽しいこと、大変なことはなんですか。

子どもと一緒に遊んだり、話をしたりすることはとても楽しいです。
大変なのは、保育には決まった方法がないということです。子どもはみんなちがいます。そのひとりひとりにそった保育ができているのかと悩むこともあり、そんなときは先輩に話をきいてもらったり、やり方を見たりしています。

どういう人が保育士に向いていますか。

子どもが好きで、心の底から「かわいい」と思える人です。そして、子どもと一緒に考えたり悩んだりできる人でしょうね。そうはいっても、ときどきいらいらすることもあります。そんなときはひと呼吸おいて、気持ちを落ちつかせます。気持ちの切りかえの早さも必要ですね。

▲園庭には、小さい子でも遊べる、背の低い遊具があります。

▲短い時間を使って打ち合わせ。「今度の行事はどうしよう？」

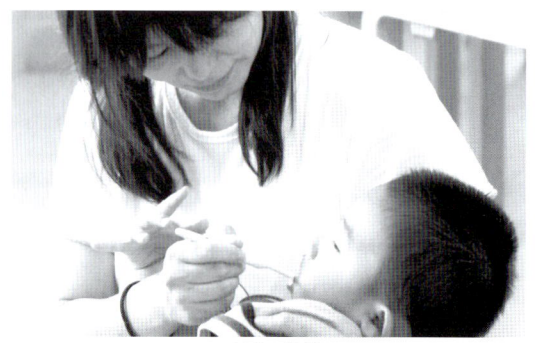

▲おやつのあとの歯みがき。園児の健康にはいつも注意しています。

保育士への道

これからどんなことをめざしていきたいですか。

園児が、人とのつながりを通じて、その子のありのままを出せるように保育をしていきたいです。自分のことは自分でできるようになることはもちろん、自分の思いを自分の言葉で表現できるように育ってほしいですね。もちろん思い通りにならないこともあるでしょうが、他人との意見のぶつかりあいなどを通じてこそ、優しさや協力する心が育つのだと思います。

この仕事をめざす子どもへメッセージをお願いします。

みなさんは、これからたくさんの人と出会って、いろいろな仕事を知るでしょう。それでも保育士という仕事にひかれるのであれば、ぜひなってください。すてきな仕事ですよ。人が好きという気持ちがある人なら、大丈夫です。

子どもが心豊かに育つようにたくさんの体験をさせてあげたいです。

中学校 → 高校 → 大学・短期大学・専門学校（保育系） → 資格取得 → 保育士

高校 → 大学・短期大学（保育系以外） → 児童福祉施設で働く → 保育士試験合格・資格取得 → 保育士

保育士になるには、保育士の国家資格を取ることが必要です。保育士養成課程のある学校に通えば、卒業と同時に資格を取得することができます。また、どんな大学・短期大学を卒業しても、都道府県で実施する保育士試験に合格すれば、資格を取得できます。高校を卒業して保育士試験を受けるには、児童福祉施設などで働いた経験が必要になります。

試験には筆記のほかに、ピアノや絵画などの実技科目があります。

保育士はこんなところでも働いている

保育士は保育園のほかに、託児所、児童養護施設、障がい児施設など、さまざまな児童福祉施設で働いています。また、近ごろ増えている働き場所として、デパートやホテル、劇場などに設けられた、一時的に子どもを預かる託児ルームもあります。

ようごきょうゆ
養護教諭

学校でけがをしたり、
具合が悪くなったりしたとき
かけこむ保健室は、
まるで「小さな救急病院」。
そこにいる養護の先生は、
いつでも安心感をくれます。
ときにはお医者さん、
ときには親のような
役目も果たします。

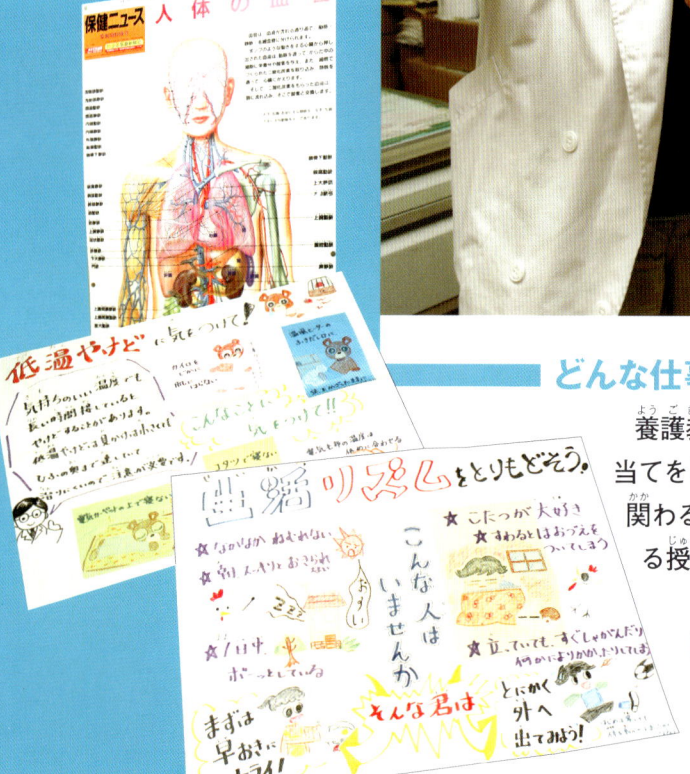

小さなけがでも、ていねいによく見て、心配ないことを確かめます。

養護教諭は、子どもたちがからだのしくみや健康について正しい知識と関心を持てるよう、「保健だより」などプリントをつくったり、ポスターをはったりしています。

どんな仕事？

養護教諭は、学校の保健室で、けがや急病の手当てをします。そして、子どもたちの健康管理に関わるさまざまな仕事をします。「保健」に関する授業を行うこともあります。

子どものからだの不調は、心の問題にも関わることが多いので、保健室に来る子どもの話をよくきいて、気持ちを理解することも大切です。

また、運動会や修学旅行など、特別な行事のときには、ふだんにも増して注意深く子どもたちを見守らなければならず、いそがしくなります。

担任の先生や、ほかの教科の先生と同じように、職員会議に出席したり、クラブ活動を受け持ったりすることもあります。

お医者さんのように

　けがや、からだの不調で保健室にやってきた子どもたちにとって、養護教諭は、医師のように「苦痛をやわらげてくれる先生」です。そのため養護教諭も、医師と同じくらいに、深く新しい医学の知識を持っていることが必要となります。

　また、親から離れた場所での突然のできごとによって、不安を感じている子どもにとっては、安心感もくれる、親代わりの存在です。

元気な子どもをよく見て

　保健室で具合の悪い子どもたちを診るのは養護教諭の仕事ですが、子どもの異状を正しく見きわめるために大事なのは、元気なときのその子の様子を、よく知っておくということです。

　健康診断などの記録を管理し、内容を知っておくのはもちろんのこと、毎日学校にいる子どもたちのふだんの姿を観察し、声をかけたりしながら、学校の先生のひとりとして、生徒とのコミュニケーションをはかります。

日常生活から健康に

　保健室は学校の「応急手当ての場所」ではありますが、養護教諭がめざすのは、子どもたちの心身の健康です。そのためには、「保健だより」をつくるなど、健康に関する知識を広める仕事も欠かせませんし、からだや命に関わる授業をする機会も、今後ますます増えてゆくでしょう。

　養護教諭は、食生活や衛生管理などもふくめ、広い分野での知識や指導力が求められる仕事です。

◀この部屋に来れば養護の先生がいる。子どもたちには「安心の部屋」でもあります。

▼頭が痛いとやってきた子に「頭のどこが痛い？」。先生の頭を数々の病気がかけめぐります。

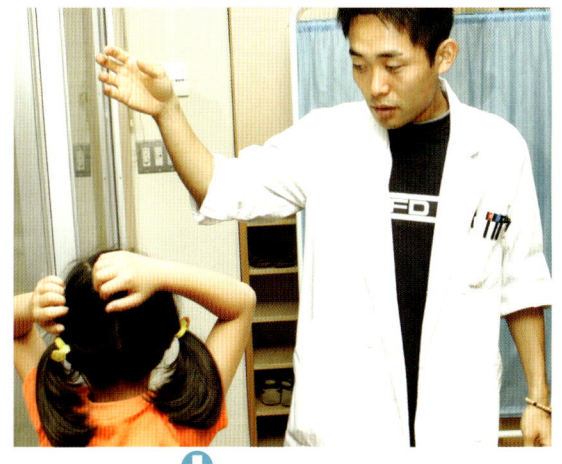

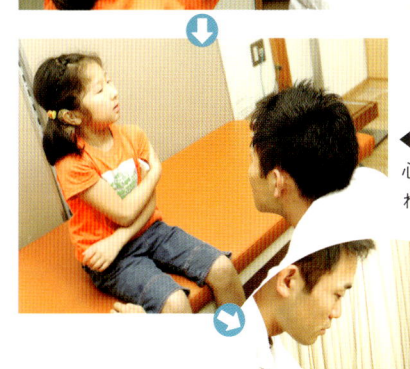

◀話をきくうちに、心配のない症状だとわかってきました。

▶「うん、熱もないね。少し休んでから教室にもどる？」

▼しばらく休めば元気になることもよくあります。ほっとできる畳の部屋。

▶いつ子どもがかけこんできてもいいように、応急手当ての用意はつねにしてあります。

養護教諭の話をきこう

明星学園小学校
秋山 斉さん

秋山さんは、大学で「保健学」を学び、大学院でさらに勉強して、養護教諭の道を選びました。子どもたちといられる仕事がいい、そう思ったからです。

小さいころはどんな子でしたか。

友だちと外で遊ぶのが大好きで、リーダー的なところもありました。スポーツも好きで、野球とサッカーをやっていました。勉強では、数学や理科が得意科目でした。

将来は小学校の先生になりたいと思っていましたが、とくに「養護の先生」と考えたことはありませんでした。8歳下の妹がいたので、小さい子のめんどうをみるようなことには、自然となれていたと思います。

▲からだのしくみや働きを教えるのも養護教諭の仕事です。

▶子どもたちの健康に関する書類づくり。ほとんどの子の名前と顔を覚えています。

▼「どうしたの？」優しくたずねます。

仕事をしていてうれしいこと、大変なことは何ですか。

うれしいのは、子どもたちからパワーをもらえることです。子どもたちは、教室よりも保健室のほうが、リラックスして自然におしゃべりをしてくれるので、話していると、こちらの気持ちも素直に元気になります。

大変なのは、修学旅行などで、長い時間ずっと、子どもたちの様子をよく見ていなければならないときです。夜中でも、みんなのからだや心に変化はないだろうかと思うと、気の休まる時間がありません。

▲子どものあらゆる質問にこたえてあげたくなります。

養護教諭への道

養護教諭に向いているのはどんな人でしょうか。

人間が好きなら、だれにでもできる仕事だと思います。引っこみじあんだとか、人と接することが苦手だという人でも、そういう人には、同じような人の気持ちがよくわかるという、よい点があります。

病気になったり、けがをしたりして、心身ともに弱っている人を支えてあげたい、という気持ちがあればいいのです。

ただ、からだのしくみについては、専門的な深い知識を、医師と同じくらいまで身につけてほしいと思います。

> 元気になった子どもに「先生、ありがとう！」といわれるとこっちもすごく元気が出ます。

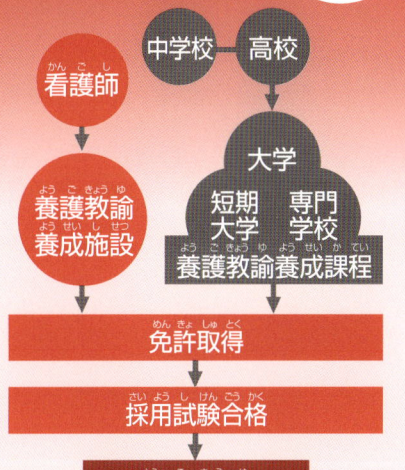

養護教諭になるには、養護教諭の免許が必要です。養成課程のある大学・短期大学、または専門学校で学ぶ道と、看護師の免許をとって養護教諭養成施設に1年間通う道があります。勉強の内容は、医学・看護学・教育学・心理学など、理科系・文科系の両方をふくんでいます。

免許を取得してから、各都道府県で（私立では各学校で）行われる教員採用試験を受けて、仕事につくことになります。

まだ少ない男性の養護教諭

養護教諭の免許は、看護師の免許を持っているととりやすいこともあり、これまでは「女性の職業」と思われてきました。今もまだ、男性養護教諭の数は非常に少ないのですが、それには、多くの場合、養護教諭を学校に1名しか置かないことの影響があります。これからは、各学校に男女1名ずつの養護教諭がいるのが理想的だ、という意見も多くあります。看護師や保育士のように、今後男性への期待も大きい職業のひとつです。

りんしょうしんりし
臨床心理士

臨床心理士は、悩みを抱えている人の話をきいて、楽な気持ちにしてくれる心の専門家です。心理学の方法を使って、悩みや問題を解決する手助けをします。

カウンセリングはなごやかな雰囲気の中で行われます。

臨床心理士が専門とするのは、心を深く研究する心理学。この心理学を使った療法のひとつに「箱庭療法」があります。

どんな仕事？

人は、いろいろな悩みや問題を抱えています。そのために毎日くらしていくのが困難になる人もいます。臨床心理士は、「カウンセリング」という方法を通じ、相談に来た人の気持ちが軽くなる手助けをします。その人が何に困っているのか、問題をどう解決すればよいのかを一緒に考える仕事です。

臨床心理士は、病院や学校、会社などいろいろなところで働いています。カウンセラー、セラピスト、心理相談員ともよばれています。

▶電話で相談を受けることもあります。

カウンセリングって？

　カウンセリングは、相談者が自分でも気づかない、心の奥にかくれている気持ちに気づくのが目的です。話を1対1できき、問題を一緒に考えることで、相談者は自分の本当の気持ちに気づいていきます。そして自分らしさを取りもどし、持っている力を十分に発揮できるようにします。

　カウンセリングの方法は、相談者が男性か女性か、大人か子どもか、家族がいるかいないかなどによっても変わります。また、相談したいのに外出できないという人たちのために、電話相談も受けます。相談者が抱えている問題によっては、必要に応じて、その人の家族、会社の上司や同僚などもカウンセリングします。

　カウンセリングには決まった型があるわけではなく、臨床心理士の経験と人柄を生かしながら進めます。相談者が安心して話せるように、気持ちのふれあいを大切にします。

▼相談者の問題やカウンセリングの方法について、熱心に打ちあわせが行われます。

◀子どもと一緒に音楽を楽しむこともあります。

▶箱庭療法に使うたくさんの種類のミニチュア。

▼遊び道具は、ボールや人形など、手に取り、自分で動かして遊ぶものばかり。

心理療法
カウンセリング以外にもさまざまな心理療法を行います。

●プレイセラピー
　カウンセリングは会話によって行いますが、小さい子どもなどは、気持ちを言葉で十分に表現できないこともあります。そこで、遊びを通して自分を表現させる方法がプレイセラピーです。遊んでいるうちに、いろいろな表現が遊びの中に出てきて、それが心の回復につながります。臨床心理士は、子どもが安全に遊ぶことができ、どんな表現でも受け入れられる空間を準備します。

●箱庭療法
　箱の中に砂を敷き、そこへ人、動物、植物、のりもの、建物などのミニチュアを自由に並べるのが箱庭療法です。自由に並べていくことで、自分の気持ちを表現することにつながります。また、何かをつくり上げること自体で悩みが晴れていきます。
　臨床心理士は、箱庭をつくっている様子を見守り、観察します。優しく見守られることで、相談者は安心して落ちついてくるのです。

▲広々としたプレイルーム。療法に使う遊び道具があります。

臨床心理士の話をきこう

大学では音楽を専攻し、大学院で心理学を学んだ貝瀬さん。
教育相談の仕事を1年間したあと、臨床心理士になりました。
今は東京都内の教育センターの相談員として、
またスクールカウンセラーとして、相談を受けています。

教育センター相談員
貝瀬 晶子さん

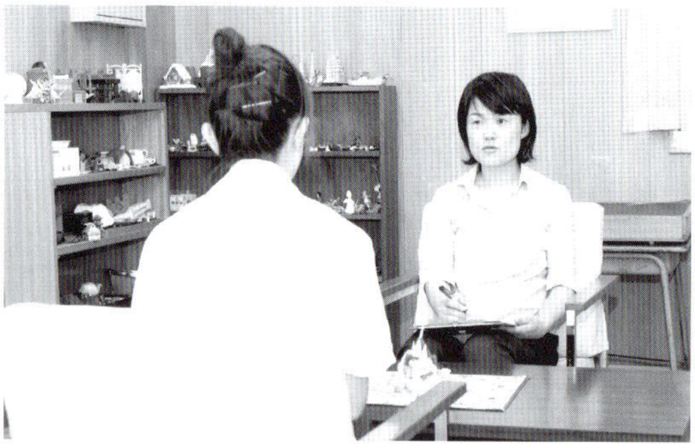

▲子どもの親にも1対1でじっくりと話をします。

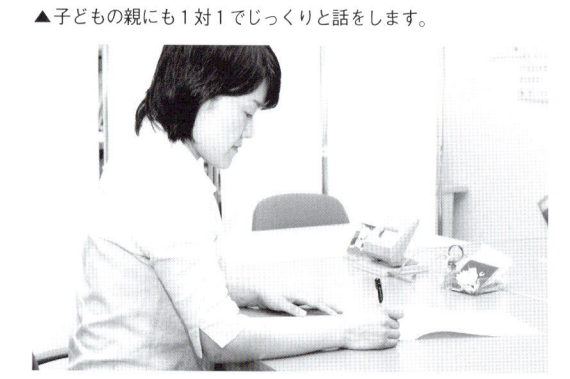

▲相談者に手紙を書くことも仕事。

▲相談室の入り口には植物が植えられ、入りやすい雰囲気。

どうして臨床心理士になったのですか。

小さいころから人の気持ちを気にする子どもでした。大学生のとき、子どもの心理をえがいた絵本を使った授業を受けて、「人間ってこういう見方もできるんだ」と感銘を受けたんです。それが今の職業につくきっかけとなりました。

仕事をしていてうれしいこと、つらいことは何ですか。

悩んでいた子が、わたしとの出会いを通じて、いきいきしてくるのを見るとうれしいです。その子が自分らしくふるまうことができるようになると、手助けができたと実感できます。
一方で相談に来ている子どもの気持ちがわからず、その子の気持ちにじょうずに寄りそうことができないときは、つらいです。どうすれば子どもが楽になるのか真剣に考えます。

どんなことに気を配っていますか。

子どもとプレイセラピーをするときは、「楽しむこと」を大切にしています。臨床心理士の気分は子どもに伝わります。わたしが楽しいと、子どもも楽しんでくれるのです。
相手がどう感じているかを考えるだけでなく、自分をよい状態に保つことにも気を配ります。

臨床心理士への道

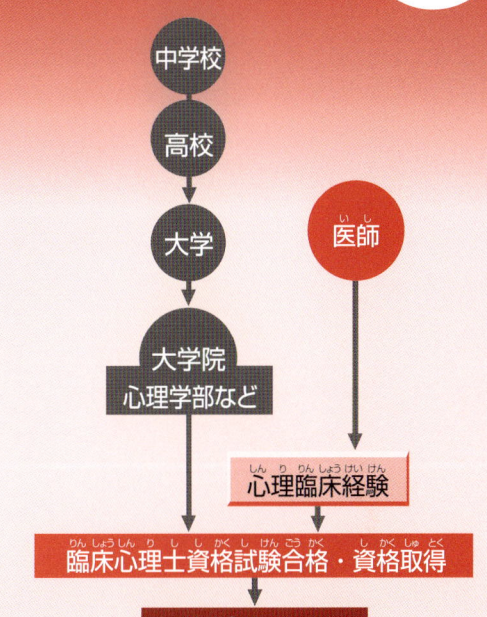

どういう人が臨床心理士に向いていますか。

　人が好きで、人に対して好奇心を持ちつづけている人ですね。この人はどうして怒っているのかなとか、どうして笑っているのかなと、友だちの気持ちの動きに興味を持っているような人です。友だちとけんかをしても、相手の気持ちの深いところをわかってあげることができるような人が向いています。

この仕事をめざす子どもへメッセージをお願いします。

　遊びでも勉強でもいろいろな体験をしていっしょうけんめいになれるものをさがしてください。そして、体験を通して、想像力を育ててください。臨床心理士には、相談者に共感することが求められます。そのときたくさんの体験を持っていて、想像力が豊かな人は、相手の悩みを理解して、より深く共感できるようになります。

> その子らしさを取りもどせるよう、悩みや苦しみにおつきあいします。

```
中学校
　↓
高校
　↓
大学　　　医師
　↓　　　　↓
大学院
心理学部など
　↓　　　　↓
　　心理臨床経験
　　　　↓
臨床心理士資格試験合格・資格取得
　　　　↓
　　　臨床心理士
```

　臨床心理士になるには、大学卒業後、大学院へ進み心理学を学ぶ必要があります。大学院を卒業し、臨床心理士資格試験を受け、合格すれば、臨床心理士になることができます。
　また、医師の免許を持っている人も、2年以上、心理に関わる仕事をしたあと、資格試験を受験することができます。

臨床心理士が働いているところ

　臨床心理士はさまざまなところで働いています。たとえば、学校では、スクールカウンセラーとして、児童や教師の相談にのります。病院では患者さんの悩みをきいたり、保健所では病院の紹介をしたりします。児童相談所では子どもやその親の相談にのります。
　また、会社によばれ、働く人たちの悩みや、心の健康に関する相談にのったりもします。

アロマテラピスト
あろまてらぴすと

移植コーディネーター
いしょくこーでぃねーたー

もっとあるよ！

人の心とからだを育てる仕事

植物の力で心身をいやす

　花びらや葉、果皮などからつくった、いい香りのする植物性の精油。この効果と特性を利用して、心身の疲れをいやし、健康へと導く「アロマテラピー」を行う仕事です。アロマサロンなどで働きます。

　精油は使い方をまちがえると副作用もあるので、正しい知識を学ぶことが大切。各団体が行う資格試験に合格するには医学や心理学に関する知識も必要です。

　看護師（→P10）が資格を取り、患者さんの不眠解消や、不安を取りのぞくために使うこともあります。

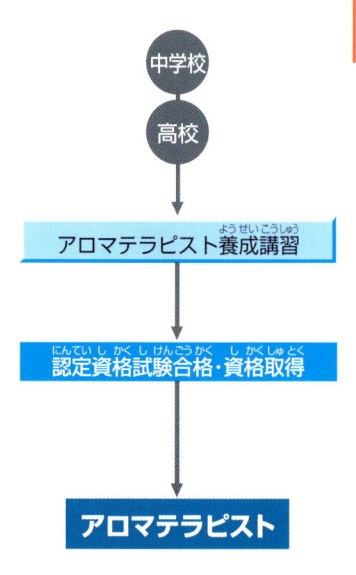

臓器移植のための重要なサポート役

　事故や病気で、心臓、肝臓、腎臓、肺などの臓器が機能しなくなった患者さんの命を助けるために、脳死の人から、健康な臓器を移植することがあります。

　移植コーディネーターは、提供者（ドナー）から患者さんへ、もっともよい方法で臓器が渡るよう手配をするなど、移植に関わるさまざまな仕事をしています。

　この仕事につくためには、医療関係の国家資格か、深い医療の知識を持っていることが必要です。採用試験は、社団法人日本臓器移植ネットワークが行っています。

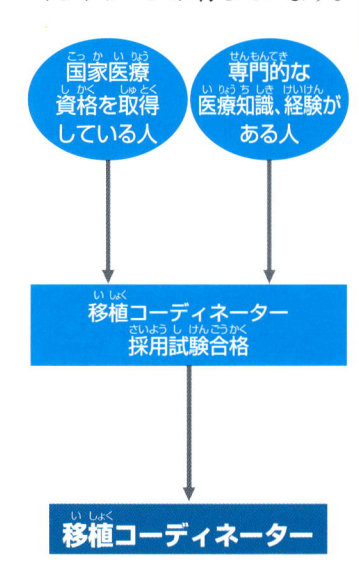

中学校
↓
高校
↓
アロマテラピスト養成講習
↓
認定資格試験合格・資格取得
↓
アロマテラピスト

国家医療資格を取得している人　／　専門的な医療知識、経験がある人
↓
移植コーディネーター採用試験合格
↓
移植コーディネーター

介護福祉士
（かいごふくしし）

お年寄りや障がい者の生活を支援

お年寄りや障がい者の介護をします。食事、入浴、排せつ、着がえなどを手伝うほか、本人や家族の話し相手になり、精神的に支えることも大切な仕事です。

お年寄りや障がい者の福祉施設で働きますが、訪問介護サービスで介護の必要な家を訪れることもあります。また、介護の専門家としてホームヘルパーの育成にもあたります。

介護福祉士になるには、おもに養成課程のある学校を卒業する道と、介護業務を経験したあと、国家試験に合格する道があります。

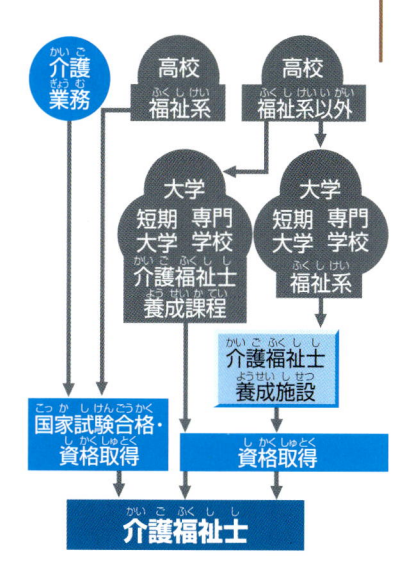

```
介護業務   高校         高校
          福祉系        福祉系以外
            ↓            ↓
          大学          大学
          短期 専門     短期 専門
          大学 学校     大学 学校
          介護福祉士    福祉系
          養成課程
            ↓            ↓
                      介護福祉士
                      養成施設
            ↓            ↓
  国家試験合格・       資格取得
  資格取得
            ↓
        介護福祉士
```

学習塾講師
（がくしゅうじゅくこうし）

学習と進路決定のよきアドバイザー

学習塾につとめ、担当の教科を教えます。おもな教科は、国語、算数、理科、社会、英語などです。

学校の授業でわからないところをおぎなう場合や、学校の勉強では物足りないと感じる子のために発展した勉強を教える場合があり、塾によって講師に求められる能力がちがいます。受験合格を目標にしたり、子どもの悩み相談にのったりすることもあります。

教員の免許を持っているとよいでしょう。経験を積んだあとに、自分で塾を開く道もあります。

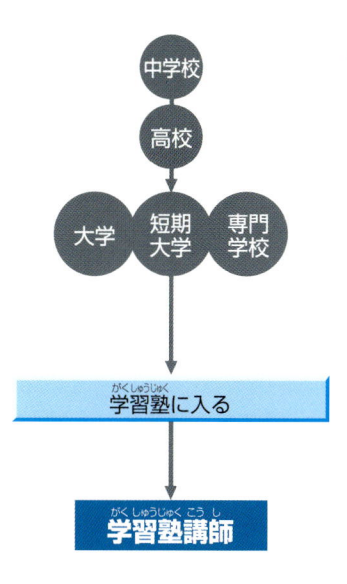

```
中学校
  ↓
 高校
  ↓
大学 短期 専門
     大学 学校
        ↓
    学習塾に入る
        ↓
     学習塾講師
```

管理栄養士
（かんりえいようし）

栄養のとり方を教え「食」から健康を考える

栄養バランスのとれたメニューや、調理方法の改善を考えるのが栄養士ですが、管理栄養士は、病人やけが人に療養のための栄養指導ができる免許です。

病院や福祉施設、保健所、給食施設で働くことが多く、メニューを考えたり、栄養指導にあたったりします。食品会社などで商品を開発することもあります。

管理栄養士になるためには、管理栄養士養成課程のある学校を卒業するか、栄養士として1年以上働いたあと、国家試験に合格することが必要です。

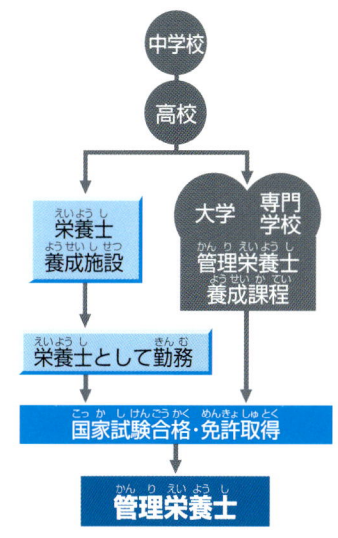

```
       中学校
         ↓
        高校
         ↓
  栄養士        大学 専門
  養成施設      管理栄養士 学校
                養成課程
    ↓              ↓
 栄養士として勤務
    ↓              ↓
  国家試験合格・免許取得
         ↓
      管理栄養士
```

言語聴覚士（げんごちょうかくし）

作業療法士（さぎょうりょうほうし）

もっとあるよ！ 人の心とからだを育てる仕事

言葉で伝える力を訓練し、回復させる

　発声がうまくできない、言葉を忘れてしまう、音がききとれないなど、言葉でのコミュニケーションが不自由な人に指導や訓練をする仕事です。子どもからお年寄りまで、さまざまな症状の人を相手にします。患者さんがいおうとすることを感じとる力、わかりやすく伝える力が求められます。

　言語聴覚士養成課程のある学校を卒業し、国家試験に合格することが必要です。

　病院のリハビリテーション科や福祉施設などで、医師や理学療法士（→P75）などと一緒に働きます。

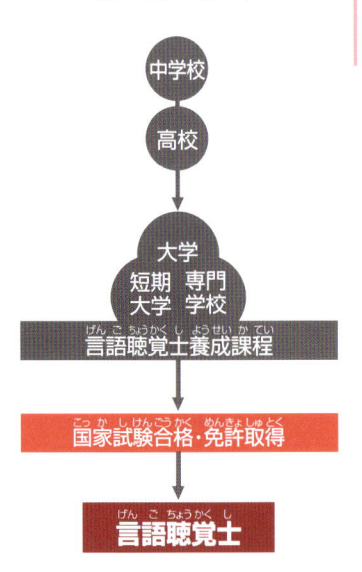

作業活動を通して心身の自立を手助け

　事故や病気で肉体的、精神的な機能をそこなった人や、生まれつき障がいのある人が、心身ともに自立した生活を送れるよう、治療と手助けをする仕事です。

　症状に合わせて、日常の動作の練習や、手芸、工芸、絵画、音楽など、遊びを交えた作業活動を行います。

　働く場は、病院や障がい者施設、老人ホーム、地域のケアセンターなどです。医師や理学療法士（→P75）などと一緒に働きます。

　作業療法士養成課程のある学校で学び、国家試験に合格する必要があります。

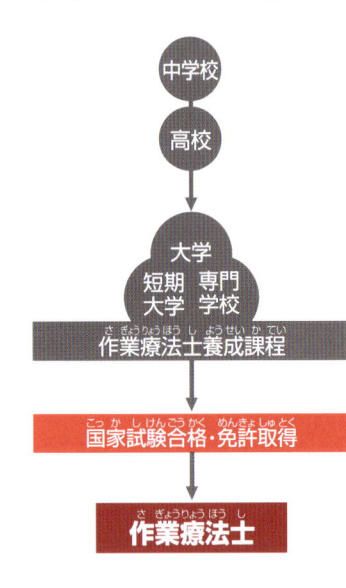

言語聴覚士コース：
中学校 → 高校 → 大学／短期大学／専門学校 → 言語聴覚士養成課程 → 国家試験合格・免許取得 → **言語聴覚士**

作業療法士コース：
中学校 → 高校 → 大学／短期大学／専門学校 → 作業療法士養成課程 → 国家試験合格・免許取得 → **作業療法士**

児童福祉司 (じどうふくしし)

子どもと保護者の相談にのり問題解決

　児童福祉司は、児童相談所で18歳未満の子どもに関する相談を受ける相談員です。いじめや非行、虐待など、子どもの抱えている問題を一緒に考えます。

　相談を受けると、必要な調査をして、問題の原因をさぐり、解決策を子どもや保護者にアドバイスします。

　心理学の専門家の心理判定員や、医師と協力することの多い仕事です。

　児童福祉司養成施設で学ぶか、大学で教育学、心理学、社会学などの学部を卒業して、地方公務員になる必要があります。

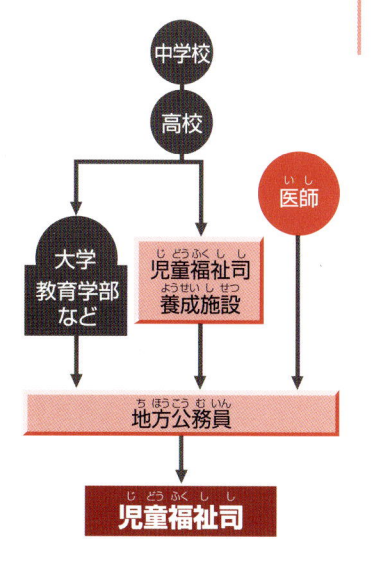

中学校 → 高校 → 大学 教育学部など／児童福祉司養成施設／医師 → 地方公務員 → **児童福祉司**

助産師 (じょさんし)

妊婦の相談にのり出産の手助けもする

　妊婦が安心して赤ちゃんを産むことができるよう、出産の準備からアフターケアまでをする仕事です。

　出産の手助けをしたり、赤ちゃんの入浴や離乳食の指導をしたりします。また、妊婦の抱える、出産についてのあらゆる悩みの相談にものります。

　病院の産婦人科で働く助産師がほとんどですが、独立して助産院を開業する人もいます。

　看護師(→P10)の養成課程を終えた上で、助産師の養成施設で学び、国家試験に合格する必要があります。

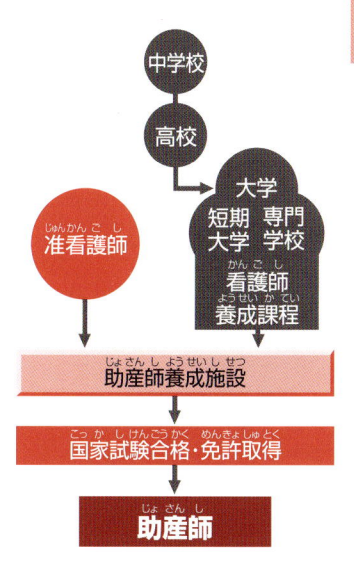

中学校 → 高校 → 大学／短期大学／専門学校 → 看護師養成課程／准看護師 → 助産師養成施設 → 国家試験合格・免許取得 → **助産師**

鍼灸師 (しんきゅうし)

からだが本来持つ力を引き出す治療をする

　中国で大昔に始まった療法の「鍼」と「灸」の技術を持った人が鍼灸師です。

　鍼はごく細い鍼を、灸はモグサ(ヨモギの葉の一部)を燃やしたものを使う療法。からだが本来持っている「自然に治ろうとする力」を引き出し、病気やけがの治療と予防をします。

　鍼を扱う「鍼師」と灸を扱う「灸師」の免許は別で、それぞれの国家試験があります。どちらも同じ学校で学べるようになっているところがほとんどです。鍼灸院で働いて経験を積み、開業する人もいます。

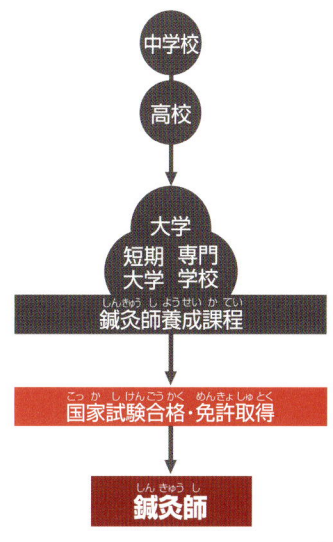

中学校 → 高校 → 大学／短期大学／専門学校 → 鍼灸師養成課程 → 国家試験合格・免許取得 → **鍼灸師**

心療内科医 （しんりょうないかい）

フリースクールスタッフ （ふりーすくーるすたっふ）

もっとあるよ！
人の心とからだを育てる仕事

心とからだの両面から病気を治療する

心が傷ついたことによって、からだに影響が出ることがあります。症状はさまざまで、その症状を引きおこしている理由も、ストレスや事故のショックなど、ひとりひとりちがいます。

この「心とからだは互いに影響しあっている」という考えのもとに、心とからだの両方の面から病気の原因をさぐり、治療するのが心療内科医です。会話によるカウンセリング、薬を使った治療などを行います。

医師免許を取ったあと、研修で専門性を高め、心療内科医になります。

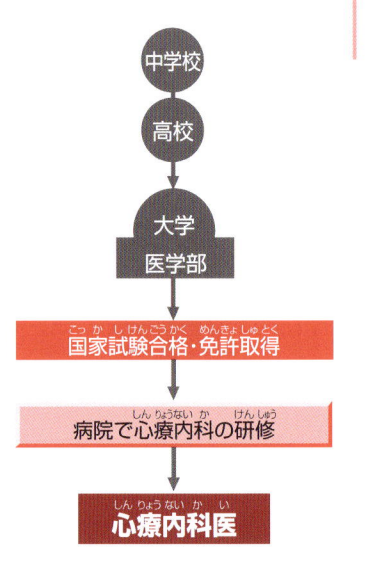

不登校の子どもの自立を支援する

フリースクールは、不登校やひきこもりなど、学校に通えない子どもたちのための学びの場です。受け入れている子どもの年齢や、活動内容はそれぞれちがいます。多くのフリースクールは、ふたたび学校へ通うためのきっかけづくりや、高校などへ進学する道を開くことが目的です。

スタッフは、勉強の指導のほか、子どもや親のカウンセリング、課外活動などを行います。とくに資格はいりませんが、教員や臨床心理士（→P66）などの経験が生かされます。

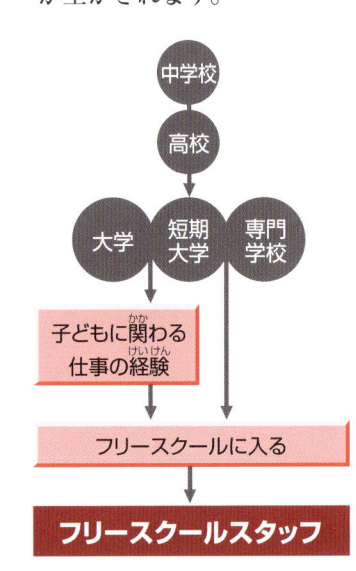

心療内科医への道

中学校 → 高校 → 大学 医学部 → 国家試験合格・免許取得 → 病院で心療内科の研修 → 心療内科医

フリースクールスタッフへの道

中学校 → 高校 → 大学／短期大学／専門学校 → 子どもに関わる仕事の経験 → フリースクールに入る → フリースクールスタッフ

薬剤師（やくざいし）

患者さんの健康を守る薬の専門家

薬剤師は、医師からの指示にしたがって薬を調合し、正確な使い方を患者さんに説明し指導する仕事です。

患者さんの体質や今までかかった病気によって、使う薬の種類や量は変えなければなりません。薬が適切か判断をして、医師に提案をすることもあります。

おもな職場は病院、薬局ですが、製薬会社で薬の研究をしたり、化粧品会社で商品の開発に関わったりする人もいます。

大学の薬学部を卒業後、国家試験に合格することが必要です。

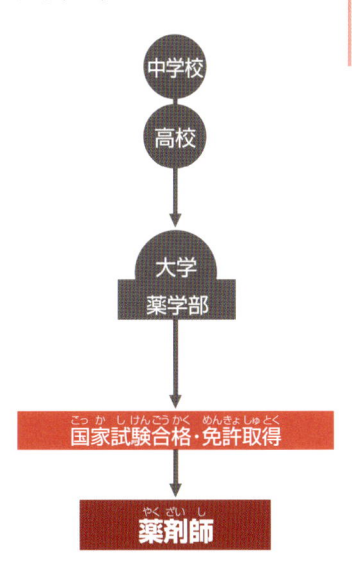

中学校 → 高校 → 大学 薬学部 → 国家試験合格・免許取得 → 薬剤師

幼稚園教諭（ようちえんきょうゆ）

一緒に遊びながら幼児の発達を助ける

絵本を読む、工作をする、歌を歌う、数や字を教えるなど、子どもたちと一緒に遊びながら、生活の指導をします。3歳から小学校に上がる前の子どもたちの、心とからだの発達を援助する仕事です。

幼稚園は、保育園よりも保育時間が短く、1日4時間が標準です。年齢により課題が決まっているので、それをもりこみながら遊びの指導をします。

幼稚園教員養成課程のある大学、短期大学、専門学校を卒業すれば、幼稚園教諭免許を取得できます。

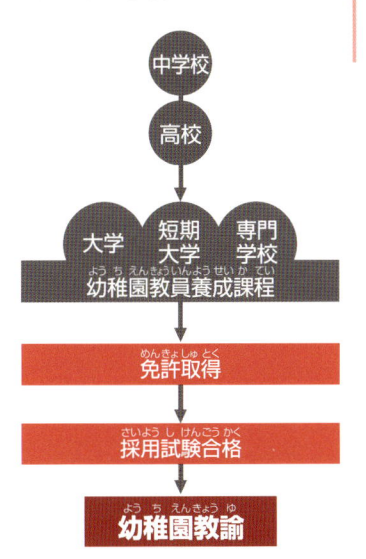

中学校 → 高校 → 大学・短期大学・専門学校 幼稚園教員養成課程 → 免許取得 → 採用試験合格 → 幼稚園教諭

理学療法士（りがくりょうほうし）

リハビリテーションで運動機能を回復させる

運動機能に障がいのある人たちの機能を回復させるため、リハビリテーションの指導をする仕事です。

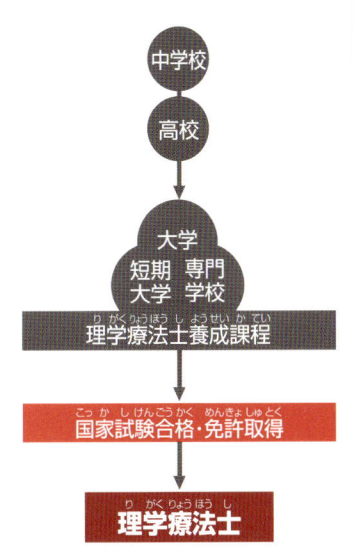

医師の指示のもと、マッサージや歩行訓練、治療体操、温熱治療、電気治療などを行い、患者さんを支えながら、運動機能の回復をめざします。作業療法士（→P72）や看護師（→P10）と協力することも大切です。

理学療法士養成課程のある学校で学び、国家試験に合格することが必要です。障がい者福祉施設や養護学校、老人ホーム、病院の整形外科などで働きます。

中学校 → 高校 → 大学・短期大学・専門学校 理学療法士養成課程 → 国家試験合格・免許取得 → 理学療法士

なりたい自分を見つける！仕事の図鑑 さくいん 1巻▶10巻 全300職種

第1期	1	人の心とからだを育てる仕事
	2	食べものとサービスに関わる仕事
	3	自然と環境を調べて守る仕事
	4	スポーツを楽しみ広める仕事
	5	日本の伝統文化をつなげる仕事
第2期	6	乗りものやコンピュータを扱う仕事
	7	エンターテイメントとマスコミの仕事
	8	生きものと一緒に働く仕事
	9	くらしと安全を支える仕事
	10	世界の人々に出会う仕事

	職種	巻	ページ
あ	アスレティックトレーナー	4	70
	アナウンサー	7	10
	アニマルセラピスト	8	70
	アニメーター	7	14
	海女・海士	3	70
	アロマテラピスト	**1**	**70**
い	**移植コーディネーター**	**1**	**70**
	市場で働く	2	70
	移動販売業で働く	2	70
	稲作農家	3	10
	イラストレーター	7	70
	印刷オペレーター	6	70
	インタープリター	3	14
	インテリアコーディネーター	2	71
	印判師	5	70
う	ウェブデザイナー	6	10
	牛削蹄師	8	10
	鵜匠	8	70
	宇宙開発を進める	6	14
え	エアラインパイロット	6	18

	職種	巻	ページ
	映画監督	7	70
	映画配給会社で働く	10	10
	エスニック料理店オーナー	10	14
	絵本作家	7	18
	沿岸漁業漁師	3	18
	遠洋漁業漁師	3	70
お	オーケストラ団員	7	71
	大道具スタッフ	7	22
	おもちゃプランナー	2	10
	織職人	5	70
	お笑い芸人	7	26
	オンラインショップを運営する	6	70
か	外交官	10	18
	介護福祉士	**1**	**71**
	海上保安官	9	10
	害虫駆除作業員	3	71
	開発コンサルタント	10	22
	科学捜査研究所で働く	9	70
	学習塾講師	**1**	**71**
	歌手	7	30
	ガス会社で働く	9	14
	カスタマーエンジニア	6	71
	家庭裁判所調査官	9	70
	家電デザイナー	6	22
	華道教授	5	10
	カフェで働く	2	14
	歌舞伎役者	5	14
	ガラス職人	5	18
	環境コンサルタント	3	71
	看護師	**1**	**10**
	管理栄養士	**1**	**71**
き	**義肢装具士**	**1**	**14**
	騎手	4	10
	気象予報士	3	22
	着物着付け講師	5	22
	脚本家	7	71
	キャビンアテンダント	10	26
	救急救命士	**1**	**18**
	厩務員	8	71
	キュレーター	10	30

職種	巻	ページ
狂言師	5	26
行政書士	9	71
競走馬調教師	8	14
銀行員	9	18
く 果物農家	3	71
靴職人	2	18
グラフィックデザイナー	7	71
グランドスタッフ	10	70
クリーニング師	2	71
グリーンコーディネーター	3	26
け ケアマネジャー	**1**	**22**
経営コンサルタント	2	71
警察官	9	22
警察犬訓練士	8	71
芸能マネージャー	7	72
警備員	9	26
刑務官	9	71
ゲームソフトをつくる	6	26
ゲストハウス運営スタッフ	10	34
言語聴覚士	**1**	**72**
検察官	9	30
建設機械オペレーター	6	71
こ 鯉師	8	71
こいのぼり職人	5	30
航空管制官	6	30
航空整備士	6	34
公正取引委員会で働く	9	71
公認会計士	9	72
国際会議コーディネーター	10	70
国際協力NGOスタッフ	10	38
国際交流協会で働く	10	71
国際秘書	10	71
国会議員	9	72
コピーライター	7	72
ゴルファー	4	70
コンサートプロモーター	10	71
昆虫学者	8	72
昆虫写真家	8	18
さ サーチャー	6	71
裁判官	9	34

職種	巻	ページ
作業療法士	**1**	**72**
サッカー選手	4	14
雑貨店店員	2	72
作曲家	7	34
茶道教授	5	34
し 試合運営スタッフ	4	71
CMプランナー	7	38
シェフ	2	22
歯科医師	**1**	**26**
地震研究員	3	30
システムエンジニア	6	72
漆器職人	5	71
自動車教習所指導員	6	72
自動車整備士	6	38
自動車販売店店員	6	73
児童福祉司	**1**	**73**
司法書士	9	73
字幕翻訳家	10	42
獣医師	8	22
柔道整復師	**1**	**30**
樹木医	3	34
手話通訳士	**1**	**34**
小学校教諭	**1**	**38**
将棋棋士	5	71
証券取引所で働く	9	38
商社で働く	10	46
小児科医	**1**	**42**
乗馬セラピーインストラクター	8	26
消費生活アドバイザー	9	73
消防官	9	42
植物園で働く	3	38
助産師	**1**	**73**
書店店員	2	26
鍼灸師	**1**	**73**
新聞記者	7	42
心療内科医	**1**	**74**
森林官	3	72
す 水質検査技術者	3	42
水族館トレーナー	8	30
スーパーマーケット店員	2	30

	職種	巻	ページ
す	寿司職人	2	34
	スタントマン	7	73
	スポーツアドバイザー	4	18
	スポーツインストラクター	4	22
	スポーツ栄養士	4	26
	スポーツ解説者	4	71
	スポーツ学者	4	71
	スポーツカメラマン	4	30
	スポーツ誌編集者	4	34
	スポーツショップ店員	4	72
	スポーツ代理人	4	72
	スポーツドクター	4	38
	スポーツ用品開発技術者	4	42
せ	生花店店員	2	38
	税関で働く	10	72
	精神保健福祉士	**1**	**46**
	清掃工場で働く	9	46
	生物調査員	3	46
	生命保険会社で働く	9	73
	声優	7	73
	税理士	9	50
	船員	3	72
	選手マネージャー	4	73
	潜水士	3	73
そ	造園技術者	3	73
	造船技術者	6	73
	測量士	9	74
	ソムリエ	2	72
た	ターフキーパー	4	46
	体育教諭	4	50
	大工	2	42
	ダイビングインストラクター	3	50
	タクシードライバー	6	73
	宅配便ドライバー	9	54
	竹細工職人	5	71
	畳職人	5	72
ち	チームグッズプランナー	4	73
	提灯職人	5	72
つ	ツアーコンダクター	2	73
	通関士	9	74

	職種	巻	ページ
	通訳	10	50
	通訳ガイド	10	72
て	鉄道運転士	6	42
	鉄道車掌	6	74
	テレビディレクター	7	73
	電子マネーを運営する	6	46
	天文台で働く	3	73
	電力会社で働く	9	58
と	陶芸家	5	73
	杜氏	5	38
	動物愛護担当職員	8	34
	動物園飼育係員	8	38
	動物学者	8	42
	動物看護師	8	72
	動物検疫所で働く	8	73
	動物写真家	8	73
	動物プロダクションスタッフ	8	73
	特殊メイクアップアーティスト	7	74
	時計修理工	6	50
	都市設計家	3	54
	図書館司書	**1**	**50**
	ドッグカフェで働く	8	46
	トラベルライター	10	73
	トリマー	8	50
な	難民キャンプで働く	10	73
に	日系新聞記者	10	73
	日本語ガイド	10	74
	日本語教師	10	54
	日本舞踊家	5	42
	入国審査官	10	74
	人形職人	5	46
は	パークレンジャー	3	74
	バイオガスエネルギー開発者	3	58
	ハウスクリーニング作業員	2	46
	バスドライバー	6	74
	パソコンインストラクター	6	75
	働く車をつくる	6	54
	パタンナー	2	73
	パティシエ	2	50
	花火師	5	50

	職種	巻	ページ
	バレエダンサー	7	46
	バレーボール選手	4	73
	パン職人	2	54
	ハンドラー	8	74
ひ	美術修復家	5	73
	引っ越し作業員	2	73
	非破壊検査員	6	75
	ビューティーアドバイザー	2	74
	表具師	5	73
	美容師	2	58
ふ	ファッションスタイリスト	7	50
	ファッションデザイナー	7	54
	ファッションモデル	7	74
	フォトジャーナリスト	10	75
	福祉用具専門相談員	**1**	**54**
	ブックエージェント	10	58
	筆職人	5	54
	不動産会社で働く	2	74
	ブライダルコーディネーター	2	75
	プラネタリウムで働く	3	74
	フリースクールスタッフ	**1**	**74**
	フロントスタッフ	4	54
	文楽の技芸員	5	74
へ	ペット情報誌編集者	8	74
	ペットショップ店員	8	54
	ペットフード開発技術者	8	75
	ペット用品プランナー	8	58
	ペットロスカウンセラー	8	75
	ヘリコプターパイロット	6	75
	弁護士	9	62
	ペンションオーナー	2	75
	弁理士	9	75
ほ	**保育士**	**1**	**58**
	貿易アドバイザー	10	75
	邦楽家	5	74
	報道カメラマン	7	75
	ホエールウォッチングガイド	8	75
	ボクサー	4	58
	ホテルで働く	2	75
	ホペイロ	4	74

	職種	巻	ページ
	翻訳家	10	75
ま	マジシャン	7	58
	マンガ家	7	75
	マンガ編集者	7	62
み	ミキサー	7	75
	宮大工	5	75
め	メンタルトレーナー	4	74
も	盲導犬訓練士	8	62
や	野球記録員	4	75
	野球審判	4	62
	野球選手	4	66
	薬剤師	**1**	**75**
	役所で働く	9	66
	野菜農家	3	62
	野生動物対策専門家	8	66
ゆ	遊園地の乗りものをつくる	6	58
	友禅職人	5	58
	郵便を届ける	9	75
	ユニセフ職員	10	62
よ	養鶏農家	3	75
	養護教諭	**1**	**62**
	幼稚園教諭	**1**	**75**
	洋服のショップ店員	2	62
	養蜂家	3	75
ら	落語家	5	62
	酪農家	3	66
	ラグビー選手	4	75
	ラジオDJ	7	66
り	**理学療法士**	**1**	**75**
	力士	4	75
	留学カウンセラー	10	66
	料理研究家	2	66
	林業技士	3	75
	臨床心理士	**1**	**66**
れ	レーシングドライバー	6	62
ろ	労働基準監督官	9	75
	ロボットエンジニア	6	66
わ	和菓子職人	5	66
	和裁士	5	75
	和紙職人	5	75

79

取材協力	[仕事の図鑑]編集委員会
慶応義塾大学病院 北信義肢 国分寺消防署 横浜市並木地域ケアプラザ 横浜インプラントセンター 　岩本歯科医院 あすなろ整骨院 手話技能検定協会 港区立御成門小学校 梅村こども診療所 大石クリニック 中野区立中央図書館 ヤマシタコーポレーション 新杉田のびのび保育園 明星学園小学校	執筆協力　浜田経雄（I.C.E） 　　　　　久野麗 撮影　　　Studio Be Face 　　　　　清水隆行 　　　　　松林諒 　　　　　コンドウミカ 　　　　　奥出和典 　　　　　森田和良 イラスト　喜多啓介 デザイン　森孝史 編集　　　株式会社童夢

写真提供

東京消防庁
NTT東日本

（掲載順、敬称略）

なりたい自分を見つける！ **仕事の図鑑**
① 人の心とからだを育てる仕事

[仕事の図鑑]編集委員会＝編　　NDC600 79P 26cm

発　行　2006年4月初版　2021年11月第12刷
発行人　岡本光晴
発行所　株式会社あかね書房
　　　　東京都千代田区西神田3-2-1　電話03-3263-0641(代)
印刷所　株式会社精興社　　製本所　株式会社難波製本

©Akaneshobo 2006 Printed in Japan　ISBN978-4-251-07811-7 C8360
落丁本・乱丁本はおとりかえします。定価は裏表紙に表示してあります。
この本に関するすべてのお問い合わせは上記発行所にお願いいたします。
すべての記事の無断転載およびインターネットでの無断使用を禁じます。

この本に掲載されているデータは2005年11月現在のものです。

なりたい自分を見つける！仕事の図鑑

【第2期】
6巻 ▶ 10巻

6
乗りものやコンピュータを扱う仕事

- ウェブデザイナー
- 宇宙開発を進める
- エアラインパイロット
- 家電デザイナー
- ゲームソフトをつくる
- 航空管制官
- 航空整備士
- 自動車整備士
- 鉄道運転士
- 電子マネーを運営する
- 時計修理工
- 働く車をつくる
- 遊園地の乗りものをつくる
- レーシングドライバー
- ロボットエンジニア
- ：
- ほか15職種

7
エンターテイメントとマスコミの仕事

- アナウンサー
- アニメーター
- 絵本作家
- 大道具スタッフ
- お笑い芸人
- 歌手
- 作曲家
- CMプランナー
- 新聞記者
- バレエダンサー
- ファッションスタイリスト
- ファッションデザイナー
- マジシャン
- マンガ編集者
- ラジオDJ
- ：
- ほか15職種